国語科授業サポートBOOKS

熱中授業をつくる

打率10割の型とシカケ

まぐれ当たりがねらい通りになる授業システム

そのまま追試できる「大造じいさんとガン」

西野 宏明 著

明治図書

はじめに

本書は以下のような先生方に向けて書きました。

□物語文の授業づくりに悩んでいる。
□そもそも、物語文をどう教材研究したらいいのかわからない。
□一方通行の授業（ついつい先生が話し過ぎてしまう）になってしまう。
□知的な盛り上がりに欠ける単調な授業になってしまう。
□アクティブラーニング（風）の授業に興味がある。
□自分の物語文指導に新たな授業技術を追加し、スキルアップを図りたい。
□『大造じいさんとガン』が大好き。

これらの項目のうち、三つ以上当てはまる先生方にはきっとお役に立てるはずです。

授業をとおして考えを深めるとはどういうことなのか。子ども同士が意見を紡いで授業をつくり上げていくにはどのような手立てが必要なのか。子どもも先生も物語文の授業が好きになる実践はどのようにすれば可能になるのか。これらの疑問を常に考え続けながら日本で教師生活を八年間送ってきました。本書はその自問自答の成果をまとめたものです。

最後に、日本の教育界の発展と向上に努められてきた諸先生方の実践、著作に心からの敬意と感謝を伝えたいと思います。過去の実践の集積がなければ、私の実践は存在していません。

現在、パラグアイで教育活動する中で、日本の教育のすばらしさを日々再認識しているところです。物語文の授業づくりに困っている先生、反対に楽しんでいる先生、その両方の先生に対して、地球の反対側からエールを送る意味も込めて本書を記しました。

二〇一九年九月　パラグアイの首都アスンシオンの大きな青空を眺めながら

西野　宏明

目次

第二章 そのまま追試できる！「大造じいさんとガン」の熱中授業

第2時 ……………… 70

第3時……………………………………91

第4時　102

第5時　116

物語文指導でおすすめのワザ ……149

「大造じいさんとガン」技の索引　167

〈注〉本書の引用箇所に関しては、平成27年度版光村図書5年を使用しています。

第一章

まぐれ当たりから
ねらい通りになる！

熱中授業の型

1 国語の教材研究に悩む先生へ

～「まぐれ当たりの熱中授業」から「ねらい通りの熱中授業」へ～

教材研究で苦しんでいた初任の頃

「物語文の指導って、結局どうすればいいの？」

初任者の頃、国語の授業づくりで悩みました。国語の授業を準備するのが苦痛で苦痛で仕方ありませんでした。なぜかというと、何のために、何に向けて、何をどのようにすればいいのか全然わからなかったからです。子どもが熱中する授業をつくりたかっただけに、それができない自分にもどかしさを感じていました。

学校には年間計画というものがあり、目の前には教科書があり、教えなければならない物語文がありました。読みます。そしていつも同じ思いが浮かびました。

「え？　これで、何をどうしろっていうの？」

指導要領を読みます。文学作品を指導する目標がわかったような、わからないような気分になります。字面では理解できます。しかしまた同じ思いが浮かびます。

「で、その目標を達成するために、どうすればいいの？」

先輩方に聞きました。最も多かったのが、次の答えです。

「指導書通りにやりなさい。まずは指導書が基本なの」

「指導書通りにできるようになったら、一人前よ」

特に管理職の先生方、元校長先生である「研究主事」「教授」という方に多かったです。

指導書は当然読んでいます。しかし、私には、「本文を読んだ感想を話し合い、学習課題を設定する。」「印象に残っているところをまとめ交流する。」「第三場面の登場人物〇〇〇〇の気持ちを考える。」という指導書に書かれている文言をどう授業化すればいいのかわかりません。

同時に「指導書通りにやりなさい」という言葉に違和感を覚えました。

「指導書通りにやったとしても、子どもたちは本当に熱中するのだろうか。本当に指導書がすべてなのか」

そんな思いが先行していたからです。

■教材研究により、「まぐれ当たり」が……
「なんだか知らないけど、今日はいい授業ができた気がするな!」

本を読んで、自分なりに教材研究をして、五時間に一回、いや十時間に一回、あるいは四十五分授業のうち五分間は、なぜか子どもが熱中する瞬間が生まれました。しかし、それは一時のことであり、長続きしません。「まぐれ当たり」なのです。すぐにチ～ンとした、けだるいというか、いつものつまらない雰囲気になっていきます。

「どうして、子どもが熱中するときと熱中しないときがあるのだろう」

「安定的に子どもが熱中する授業って、どうしたらつくれるのだろう」

先輩方はこう言います。

「子どもは生き物なんだから、授業も生き物なの。だから、うまくいくときもあれば、うまくいかないこともあって当然でしょう」

「そんな、まだ一年目の西野さんが授業がうまくいってたら、二十年以上やっている私たちって何なの？ってなっちゃうじゃない。うまくいくわけないでしょ！」

「国語って難しいんだよ。難しいからいいんだよね。だから教材研究するんでしょう。でも、それでもうまくいかない。それが授業の奥深さなんだよ。わかるかな」

本当にそうなのか。教材研究し、教師歴を積んでも、子どもが熱中する授業は本当にできないのか。何年たっても「まぐれ」を期待するしかないのか。

身近な先輩方には教わることが多かったのですが、国語の授業について私に語っていたことについては「本当にそうなのか」という疑問が強く残りました。

先生方の意識の中は「授業をしても伸びる子は伸びるし、伸びない子は伸びない」「どの子も楽しく熱中して力の付く授業なんて理想でしかない」という「あきらめ」や「限界」が支配しており、「学ぶ楽しさを授業を通して伝えるんだ！」「授業を通して子どもに力を付けて、一人ひとりの力を引き出すんだ！」という心から熱くなるような思いが感じられなかったのです。

ねらった通りに熱中授業が生まれるようになった頃

「なるほど、そういうことか〜！」

私はそれから先も、教材研究と授業実践を重ねていきました。土日は本を読んで授業の準備をするだけでなく、セミナーやサークルに参加し、先輩の先生方にたくさん教わりました。そしてすぐに翌週の授業で実践しました。これを五年間以上続けました。

その結果、何が起こったか。

授業が「まぐれ当たり」から徐々に「ねらい通り」に変わっていったのです。熱中授業の打率が上がってきたイメージです。

「熱中する授業をつくる力は、教師歴に比例するものではない」ことがわかってきました。少しずつ、自信が付いてきました。

極めつきは、一流の実践家の先生方の授業を参観したことです。これまで私がやってきた、あるいは見てきた国語の授業とはまったく違うものでした。そのイメージにあこがれ、さらに精進を重ねました。

国語、他教科の教科指導、学級経営だけでなく、コーチング、ファシリテーション、話し方講座、ドラマケーション、呼吸法や瞑想、脳科学なども勉強しました。

そして小学校教師としての八年目が終わる頃には、熱中する授業をおおよそ意図的につくりあげることができるようになりました。目の前の子どもたちの実態に合わせて、このタイミングでこの発問をしたらこうなるだろうな、という直感が鋭くなってきました。授業において、まぐれ当たりを期待する必要がなくなりました。

私の実力不足で年度により多少の差はありましたが、国語の文学作品の授業においては、子どもが課題に対し深く思考し、生き生きと自己表現を楽しむ姿が見られるようになりました。

死んだような表情でなく、きらきら輝く表情で議論しています。休み時間にも熱く語り合っている姿が見られることもありました。

「生き生き」とか、「熱く」とか、「きらきら」とか抽象的なことを書くと、ただの印象であり自己満足に聞こえるかもしれませんので、一つのエピソードを紹介します。


「先生、都立入試、マジ余裕だったよ。五、六年生のとき、自分の意見を伝え合う感じの授業（討論、話い活動のこと）をやりまくってたから集団討論は俺たち楽勝。国語の書く問題がすごく短くて簡単だった。ほぼ毎日五回くらい発言してたから年間で一〇〇〇回以上発表することになるって言ってたじゃん。あれなら誰でもできるようになるでしょ」

「先生が発表しろ、発表しろ、自分に負けるなとか言って強制するから私は発表するのが嫌いだったけど、あれね、先生、聞いているだけでもすごく勉強になるんだよ。入試になって発表しなくちゃいけなくなったときに、毎日発表聞きまくってたから、なんか私も普通に発言できるようになっていたもん」

卒業して数年経っても教え子の中に話す・聞く力、書く力が生きているというのがうれしかったです。


初任者の頃から私には「やる気」がありました。「子どもが熱中する授業ができるようになりたい！」「子どもに力が付く授業をしたい！」という意志を強くもっていました。

しかし、どうがんばればいいのかわからず苦しみました。どうすれば、国語の授業力が高まるのか。どうすれば、熱中する国語の授業をつくることができるのか。努力の方向性、努力する内容がつかめていなかったからです。先輩に聞いてもわかりません。

「技は盗むものだ。教師という仕事は職人と同じ面がある。だから自分で経験していって体得していくんだ。人から教わるものは本物じゃない」という方もいました。

確かにそうかもしれません。正論です。しかし、本当にそれでよいのかとも思います。

やる気があっても、上達する道筋が示されていない。ものすごく多忙を極める現在の日本の若手の先生方に対して「もっと努力しろ」「技は盗むべきものだ」「経験からつかめ」という指導で本当にいいのでしょうか。

先生方の前には授業だけでなく、生活指導、行事の準備、会議、保護者対応、事務処理などすべきことが山ほどあります。こんな現状の先生方に対して、(「昔のように」という言葉を使うとベテランの先生方に怒られるかもしれませんが) 国語の授業だけに膨大な時間を費やすことは容易ではありません。

子どもが熱中する国語授業をつくるのに、教師一個人の努力や責任にゆだねるのではなくて、もっとわかりやすい「こうすれば、子どもが熱中する国語の授業ができるようになっていく！」というシステムというか方法論があってもよいのではないでしょうか。

せっかく先達が積み上げてきた教育技術があるのに、それを知らないベテランの先生が自分の経験則で「国語の授業は難しいものだ。悩んで自分でつくりなさい」と言う。

すぐれた教育技術があるのに、それを知らない若い先生は自分一人の頭の中だけで策をひねり出し苦しむ。真面目な先生ほど、いい授業をつくりたいという願いから思い詰めていく。

そんなことでいいのでしょうか。

熱中する授業をつくりたくてもつくれないで困っている先生がいます。

子どもたちが心から楽しめる授業をつくりたいと思っている先生がいます。

国語の授業を通して子どもの力を引き出し、高めたいと願っている先生がいます。本書を記す動機は、少しでもそんな先生方のお役に立ちたいからです。

九年間経った今、初任時代の自分の質問に答えます。

「子どもが熱中する国語の授業のつくり方は存在します。熱中する授業には、子どもが熱中する仕掛け、型があるのです。そして、それは教師歴に関係なく、基本的な知識と少しの工夫さえあれば誰にでもできます」と。

2 熱中授業には「型」がある！

子どもが熱中する授業をつくる意義

私は初任以来ずっと子どもが熱中する授業をつくりたいと願ってきました。熱中する授業を通して「学ぶことは楽しいな」「知ること、わかること、考えることってこんなにワクワクするんだ」「教科書を読み友達と議論したり、文章を書いたりして賢くなった」と思い、自己実現に必要な力を身に付けていくと考えてきたからです。

熱中する体験には再現性があります。人生で一度でも熱中したことがある人は、別の場面においてもその熱中する力を発揮することができます。人格の基礎を作るうえで重要となる小学生の一時期に、熱中する授業を体験する。これには大きな意義があると考えます。

国語の授業の中で、教科書とにらめっこしながら自分の考えを書く姿。友達の意見に耳を傾け、自分の意見をしっかりと伝える姿。授業に熱中している姿。

これらの姿を目の当たりにすることは、教師である私にとって喜びでした。

さらに、授業以外の場面でも国語の課題について、「これは絶対にこっちの意見が正しいでしょう！　だってさぁ……」「いやいや、お前はわかってないんだよ。そもそもこの場面ではさぁ……」と顔を真っ赤にしながら口をとがらせて話し合っている男子たち。それを見て「あ、同じ！　そうだよね！　私もそう思う。っていうのは……」と途中から入っていく女子。いずれも目を生き生きと輝かせながら、楽しそうに意見を交流しています。普段はあまり一緒に遊ばない子たちが、国語の課題を通してつながっていく姿を目の当たりにしました。

熱中する授業を生む「原則」さがし

私はこのような熱中する授業を全教科でつくってみたいと思っていました。しかし、私の力では難しかったです。それでも、比較的成功したのは国語の授業でした。

熱中する授業がだんだんとできるようになってから、自分の指導略案（私は教師になって八年間、ノートに手書きするか、ＰＣで作成するかして、国語の授業ではほぼ毎時間の指導略案を作成していました）、授業記録（特別に力を入れた単元のみ）を読み返してみました。

読み返す観点は「どうして、子どもがあの授業では熱中したのか。その条件、要因は何なのか」です。同時に、一流の先生方の授業映像を何度も何度も見返しました。サークルで授業がものすごく上手な先生の模擬授業を受けるときも、「どうして、この先生の授業は熱中するのだろう」という視点をもって見ていました。

「あぁ、やっぱりそうか。そうだったんだな！」

一流の実践家の先生方の授業には、子どもを熱中させる共通点がいくつかあることがわかりました。それが「密度の濃さ」です。四十五分間において、子どもの学習密度が濃いのです。

密度が濃いというのはどういうことか。それは単に学習内容の量が多いということを意味するわけではありません。

学習意欲を高めるための仕掛け、学習能力を高めるための教育技術、学習効率を高めるための授業展開、学習内容を定着させるための手立て、学習したことをさらに深めるための問いかけ、それらすべてが卓越しているのです。

四十五分間の中に無駄な時間が少しもないのです。緊張と弛緩のバランスがよく、ユーモアにあふれ、毎分毎秒子どもに学びがあり、知的好奇心を刺激し、自分が伸びていることを感じられる。そんな時間を創りあげていたのです。私自身の授業を振り返ってみても、成功した授業ほど学習の密度は濃かったのです。

では、どうしたら、密度の濃い授業をつくることができるのか。

この意識をもちつつ、自分の授業実践を振り返る日々が続きました。

■密度が濃い授業とは？

密度が濃い授業、子どもが熱中する授業とはどんな授業なのか書き出してみました。すると、次のようになりました。国語科の授業に限定します。

□知性的な（頭を使う）授業
□楽しい授業
□子どもが主体的になり、ワクワクする授業
□子どものアウトプットの機会、自己表現の機会が保障されている授業
□思考できる発問、考え応えのある課題がある授業
□多様な意見が出るが、最終的には意見が二分される発問のある授業
□ワークテストの点数の差に関係なく、どの子も意見をもつことのできるシンプルでわかりやすい発問のある授業
□自分の考えの論拠を得るために、教科書を読み返さざるを得ない発問がある授業
□教科書の中で子どもがサラ～っとスルーしている部分をスパッと突く発問のある授業
□一人で考える時間、書く時間、答えを見つけたり探す時間が保障されている授業
□友達と自由に話し合う時間が確保されている授業
□講義型でもなく、放任でもなく、子どもの思考を促進するために、教師が教えるべきところ、議論を整理するべきところ、補助発問するべきところを適宜使い分けている授業
□朗読や群読の表現活動の際、自由に試行錯誤できる授業
□朗読では練習と本番の機会が複数回保障され、回を重ねるごとに上達を感じられる授業

うーん、でもまだしっくりこない。条件、要因、イメージを書き出したのはいいけど、これでは、あれもこれもたくさんのことを四十五分間の授業に詰め込まないといけないということになる。これでは頭がごちゃごちゃして、うまく教材研究できやしない。

スパッと一言で収まるような、すべてを包含するような言葉を獲得したい。それができれば、さらに意図的に、熱中授業がつくれるのではないか。そして、それを他者に伝達する際に、よりわかりやすく、より伝わりやすいものになるのではないか。熱中授業をつくるための軸となる一つの型です。これさえ押さえれば、熱中する授業がつくれるという原理です。それが必要でした。

そんなことを思っていたある日。ある勉強会で、ある校長先生がある言葉を言いました。私の問題意識を話し、授業実践を報告したあとのことです。

■思考の拡散と収束

「西野君の実践が成功したポイントは子どもたちの思考が拡散したり、収束したりしていること。西野君が思考の拡散と収束のバランスをうまく取れたからよかったんだろうね」

思考の拡散と収束……。これだ！　授業づくりで意識すべき大事な言葉を獲得できました。私の脳ですべてがつながりました。一流の実践家の先生方の授業、私の成功した授業、いずれも子どもの思考はあるときは拡散し、あるときは収束していきました。今まで言語化できていなかったものが、言語化できました。

思考の拡散と収束を意識して授業展開を組み立てれば、うまくいく。これを意識するようになってから、熱中する授業が安定してできるようになりました。思考は発問（問い）を着火剤にして広がったりまとまったりします。思考はどこまでも爆発的に広がっていきます。反対に、思考はどこまでも中心に向けて収まっていきます。

敷衍しますが、思考の拡散と収束については、一般論で説明するよりも、文学教材をもとに具体的に説明した方がずっとわかりやすいです。なので、以下の解説を読んでピンとこなくても気にせず、第二章の実践例を読んでいただければと思います。

思考の拡散とは、問いに対してたくさんの意見、考え、答えをもつことです。ブレーンストーミングです。バーッと思いつく限り、考えられる限り、選べる限り考えを広げていく思考のプロセスです。

具体的には以下の行為です。すべて発問をもとにしています。

・多様な意見を出すこと。
・たくさんの考えを生み出すこと。
・問いを中心にして考えを広げていくこと。
・考えられる可能性、選択肢を数多く導くこと。
・すべての意見を出し尽くして、並べること。

思考の収束とは、反対にたくさんある選択肢、考え、意見の中から、問いをもとに一つに収斂していく思考のプロセスです。

具体的には以下の行為です。すべて発問をもとにしています。

・たくさんの中から答えを見つけたり、探したりすること。
・他の選択肢を捨てて、一つを選ぶこと。

・考えや意見を絞り込むこと。
・多様な意見をまとめたり、整理したりすること。
・発問に対して最適なものを決定すること。

また思考の拡散と収束は、個人の思考の状態を表すだけではなく、学級集団の思考の状態でもあります。たとえば、学級集団の思考が拡散している状態とは以下のことです。

・一人ひとりの意見を発表し共有すること。
・黒板に意見が並ぶこと。
・学級全員の意見が出そろうこと。
・多様な意見が出ている状態。
・考えうる限りの答えがすべて出てくること。

学級集団の思考が収束している状態とは以下の行為のことです。

・たくさんの意見の中から最適なものを選んだり、不適当な意見を捨てたりすること。
・黒板に並んだ考えや意見を絞り込むこと。
・多様な意見をまとめたり、整理したりすること。
・複数の意見を一つに決定すること。

繰り返しになりますが、思考の拡散と収束は実際の教材をもとにした方がずっとわかりやすいので詳しくは実践例をお読みください。

■「動」と「静」の活動を組み合わせたら……

子どもが熱中する授業の方法がもう一つあります。もっとシンプルで、わかりやすい手立てです。

私が教師二年目に気付いたことです。市の小学校教育研究会で、特別支援教育が必要な子どもに対して、通常学級においてどのように支援するかというテーマで研究授業しました。その授業の指導案を書きながら、有効な策はないか授業実践を通して試行錯誤していました。そして、ある日。

「あ！　そういうことか！」

国語の授業の中で、意見交流の時間を取ったのです。私にとっては、とても勇気のいることでした。というのは、授業中に子どもたちを自由に立ち歩かせたりしてしまっては、収拾がつかなくなり、崩壊するのではないかという恐れがあったからです。授業中は、常に教師が子どもたちを管理し、椅子にしばり付けておかなくてはならないものだと信じていたからです。

自由に立ち歩き、友達とノートを見せ合い、話し合わせました。すると、いつもは落ち着きのないAくんが、生き生きと楽しそうに意見交流をしているのです。他の子たちもそうでした。「え？　自由に話したい子のところに行っていいの？」という表情でした。

こんなに大胆に授業の中で子どもたちを自由に歩き回らせるのは、初めてでした。しかし、ふたを開けてみたらどうでしょう。配慮の必要な落ち着きのない子はもとより、大多数の子が楽しそうに生き生きと友達との意見交流を楽しんでいました。逆転の発想でした。

動と静とは?

動と静。それ以来、さまざまな形で組み込んでいくようになりました。

動の活動とは、子どもが身体を動かしたり、声を出したり、アウトプットしたりする活動のことです。具体的には以下の通りです。

・話し合う。　・音読、朗読する。　・立ち歩く。　・起立して読む。　・発表する。
・動作化する。　・ノート、教科書を見せにいく。　・板書する。

静の活動とは、子どもが机に座り、静かに集中する活動のことです。具体的には以下の通りです。

・教科書から答えを探す。　・黙読する。　・ノートに書く。　・考える。　・聞く。

もちろん、ただ動と静の活動を組み合わせればいいというわけではありません。四十五分間の構想と展開がしっかりとしたものでなければ意味がありません。ただ歩き回ったり、話し合ったりするだけでは学習になりません。

しかし、それでも静の活動の中に少しでも動の活動を入れるだけで、子どもは気持ちを発散しリラックスできるので集中力は高まるはずです。

静と動の活動についてもぜひ実践例をお読みください。より具体的にイメージできるはずです。

第二章

そのまま
追試できる！

「大造じいさんとガン」の熱中授業

(2)　設定（季節・日数・時間・場所）をノートにまとめる。

(3)　大造じいさんが特別な方法で一羽とったときの思いを話し合う。

発問「大造じいさんが残雪たちを捕まえようとするのは初めてですか。それとも、以前から捕まえようとしていたのですか」

「今回の特別な方法で使った道具は何ですか？　四つ言いましょう」

「大造じいさんはガンをとるために作戦をしかけましたね？　結果的にガンをとることができて喜びました。それは『生きているガン』だからなのですか？『死んでいるガン』ではいけなかったのですか？」

(4)　第一場面における残雪に対する大造じいさんの思いについて話し合う。

発問「では聞きます。大造じいさんは残雪のことを、どの文まで見下げてバカにしていて、どの文から感心していますか？　その転換点に線を引きましょう」

第3時

(1)　前時の続き。話合い。

第4時

(1)　第二場面で、残雪に対するじいさんの思いはどう変わったか話し合う。

発問「大造じいさんが、今年の作戦のために、用意したものは何ですか？ノートに三つ書きましょう」

「大造じいさんの今年にかける強い意気込みを表す箇所があります。それはどこですか？　教科書に線を引きましょう」

「どうして四、五か月か説明できる人？」

「第一場面の『ううむ。』と言ったときと、第二場面の『ううん。』と言ったとき、残雪に対する大造じいさんの思いは同じですか？　それとも違いますか？」

第5時

(1)　物語のクライマックスの場面について話し合う。

発問「残雪に対する大造じいさんの思いが最も大きく変化したことがわかる一文はどれですか。その一文を探しノートに書きましょう」

「大造じいさんとガン」全体像

1　ねらい

○大造じいさんと残雪の関係や心情、場面についての描写をとらえ、残雪に対する大造じいさんの気持ちの変化を読み取る。
○考えを伝え合うことを通して、自分の考えを広げたり、深めたりする。
○学び合う楽しさに気付く。

2　単元構成。子どもの学習活動。主な発問と指示

0時目

物語文の授業を開始する前にやっておく事前指導
「読んできたかなクイズ」

第1時

(1)　物語全体の内容をつかむ。
発問「この物語には大造じいさんと残雪の何年、何か月間にわたる戦い、かかわりが書かれていますか」

(2)　大造じいさんの残雪に対する呼び方の変化を確認することを通して、単元の課題を知る。
発問「大造じいさんが残雪を呼ぶときの、呼び方はどのように変わっていきますか。じいさんが心の中で呼んでいるもの、話者がじいさんの代わりに語っているものも含めて、六つ書き出しましょう」
①なかなかりこうなやつ
②たかが鳥
③あの残雪
④あの残雪め
⑤ガンの英雄
⑥えらぶつ

第2時

(1)　第一場面の情景を想像し、じいさんの行動と気持ちを読み取る。

事前指導

■「読んできたかなクイズ」

物語文の授業を開始する前、つまり単元に入る前にやっておくことがあります。「読んできたかなクイズ」です。

「読んできたかなクイズ」のよさは、単元に入る前に子どもたちが物語文の内容を理解できることです。何がどこに書いてあるのか、物語のあらすじ、場面の描写が子どもの頭に入っていると、授業で落ちこぼれる子がいなくなり全員が参加できます。それに加え、より質の高い授業が可能になります。要するに、熱中する授業の土台ができるわけです。

「大造じいさんとガン」の単元に入る一、二週間くらい前から次のように指示します。

指示 **来週か、再来週から大造じいさんとガンを学習します。なので、今日から音読を宿題にします。授業が始まるまでに十回読めたら、たいしたものです。では、大造じいさんとガンの題名の下に直径一センチ程度の丸を十個書いてください。**

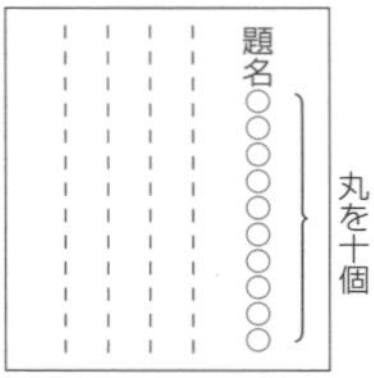

この指示の二つのポイント～やる気を引き出すちょっとした工夫～

一つは、「十回読めたら、たいしたもの」です。

数字で目標を示し、しかもそれはすごいことなのだと価値づけています。言葉は「たいしたもの」でも、「すばらしい」でも、「すごい」でもいいでしょう。「数字」＋「ほめ言葉」のセットでやる気を引き出します。

二つ目は丸を十個書かせることです。

この実践は大昔から行われていたもので、丸を書くと埋めたくなりますし、埋まっていくと自分の努力が視覚化され自信になります。

国語科の専門性には直接的には関連しませんが、このようにたった数秒の指示の中に、子どものやる気を引き出したり、安心して学習できる条件を整えたりするポイントがあります。

「確認の原則」（向山洋一氏）と「事前指導と評価」（筆者）

さて「読んできたかなクイズ」の進め方です。

音読カードを学年でそろえて実施している場合には、音読カードでかまいません。その次の日から毎日、確認します。音読カードの場合はそれを提出させます。

確認　**読んできた人？**

評価　**（手を挙げた子がいたらほめる）おぉ、すばらしい。**

確認や評価をすることにより、子どもに定着します。

「先生は、やはり音読について力を入れているんだな」というメッセージが伝わります。評価するからこそ、音読しなかった子は「やらないとまずいな」と思い行動が変わり、音読した子は「先生はきちんと認めてくれている」と思い、その行動が強化されていくのです。

反対に、確認や評価をしないとどうなるでしょうか。指示したことを子どもがやらなくなるだけではなく、もっと大きなマイナスの影響があります。

それは、先生が子どもたちからの信頼を失うことです。

真面目な子ほど、先生の指示をしっかりと聞き実行します。家に帰り多少忙しくても「先生が言っていたから」という理由で、時間を割いて音読する子がいます。

しかしながら、先生が確認、評価をしなかったら、どうなるでしょうか。

「先生はやれって言っていたけど、チェックしないんだ。音読はあんまり大切なことじゃなかったんだ。やってみたけど、何の意味があったのかな」というように思います。

そして、次に先生が同じような指示をしたときが問題なのです。

「先生はまた同じようなことを言っているけど、どうせ確認もしないし、やってもやらなくても変わらないなら、やらなくてもいいや」となってしまうのです。

だから、指示をするときは必ず確認、評価することが大切なのです。このことは教科指導でも教科外指導でも言えます。

大造じいさんとガン　名前
①□□□□
②□□□□
③□□□□
④□□□□
⑤□□□□
⑥□□□□
⑦□□□
⑧□□□

■「読んできたかなクイズ」成功のポイント

話を戻します。

指示　**読んできたかなクイズ～！　はじめま～す！**

紙を横長に置きます。縦書きです。紙の右上を指で押さえます。そこに大造じいさんとガン。その下に自分の名前を書きます。そうしたら、次の行に①と書きます。今日はクイズ⑧までやろうかな～。

「大造じいさんとガン」の単元を開始する三、四日前になったら、いきなり指示します。鉛筆以外すべてしまわせます。そしてA４かB５の白紙を配り先のように指示します。子どもたちは、「え？　なに？　なに？」という雰囲気になりますが、かまわずに先に進めます。

問題文を紙に印刷せず、白紙を使うのは理由があります。

一つは、聴写の方が集中するからです。もう一つは、問題文をすべて書いた紙を配布して問題を解くと、早くできた子とまだ終わっていない子の間に時間差が生じてしまうからです。聴写であれば時間差が生まれません。

発問　**はい①。前書きの大造じいさんの年齢は何歳ですか。書けた人？　はい、○○くん。**

子「七十二歳です」

発問　**おお、すばらしい。大正解。できた人？（挙手）いいですね。真面目に読んできた証拠ですね～！　はい二問目。ガンの頭領は誰ですか。②の下に書きましょう。**

このように、はじめの四、五問は読んでいれば確実に答えられる問題にします。この時点で、しっかりと読んでこなかった子は「あちゃ～！」となります。それを見てこちらは「しめしめ」。最後の一、二問は注意深く読んでいないと答えられないやや難しい問題にします。この一問か二問というのがポイントで、「読んできたかなクイズ」は簡単な問題をテンポよく出すのが大切です。向山洋一先生の一字読解のようなものです。難しい問題をたくさん出すと、集中した空気がだれてしまいます。難しい問題をたくさん出してしまうと、読んでこなかった子、内容を理解していない子は本気で落ち込み、さらにやる気を失ってしまいます。

発問 **それでは、今度は少し難しい問題です。（例として次の問題から一、二問選んで）**

- **残雪が来る季節はいつですか。**
- **大造じいさんは残雪を捕まえるために、全部で何回作戦を行いましたか。**
- **大造じいさんは、生け捕ったガンをどこに入れて飼っていましたか。**
- **第四場面の残雪はどこで冬を越しましたか。**
- **大造じいさんは、この物語で二回、口笛を吹いています。一回目と二回目の口笛の音を書きなさい。**

ちなみに、私は「読んできたかなクイズ」で次のような質問をして物語の内容を押さえます。

- 題名は何ですか。
- 作者は誰ですか。
- 全部で何場面ですか。
- 大造じいさんの職業は何ですか？
- ガンの頭領は誰ですか。

・「なかなかりこうなやつで」のやつとは誰のことですか。
・ウナギつりばりを使った作戦は何回目ですか？
・二回目の作戦で準備したものをすべて書きましょう。
・大造じいさんはガンを捕まえることができましたか？　○×
・大造じいさんは残雪をしとめることができましたか？　○×
・第三場面に途中から登場してきたのは誰ですか？
・ハヤブサは何をしましたか？
・残雪と別れた季節はいつですか？

たくさんの質問をテンポよく答え合わせしながら出していきます。そのため、実際の「読んできたかなクイズ」では六〜十題の質問をします。右の質問例は最低限これだけは押さえておきたいという内容です。

■「読んできたかなクイズ」の進め方

「読んできたかなクイズ」は単元開始前に、二、三回行います。一回あたり十分間程度です。解いている途中で「先生、教科書を見てもいいですか」と聞いてくる子どもがいますが、一回目は教科書を見せません。しかし二回目以降からは、途中から見てもよいという指示をするのもいいでしょう。難しいクイズの場合だけです。

ふだんは「教科書を読みましょう」と聞くとテンションの上がらない子も、このような展開の仕方をすると「えっ、読んでいいの？　やったー！　先生ありがとう！」となります（笑）。ただ私自身、教科書を見ながらやらせることはあまりありません。これでは、もはや授業になってしまうからです。あくまでも目的は、物語文の内容の確認です。

先生が回収して採点するのはＮＧ

おすすめしないのが、先生が回収し採点する方法です。

一斉に一問ずつ答え合わせするからこそ、物語の内容を全体で再確認できるのです。回収して採点、返却しても読まない子がいます。また、子どもは、すぐに答えを確認したいのです。時間が経つとやる気が減退してしまうため効果が薄れてしまいます。

大造じいさんとガン　名前

①□□□□
②□□□□
③□□□□
④□□□□
⑤□□□□
⑥□□□□
⑦□□□□
⑧□□□□

感想

余白に感想を書かせて音読に対する姿勢を自覚させる

横長に用紙を使っているので、最後の左側の三分の一は空きます。そこに感想を書かせます。自分の音読に対する姿勢を自覚させます。

指示　**採点が終わった人は感想を書きます。点数がよかった人は、どうしてよかったのか、ここ数日間の自分の努力について書きましょう。イマイチだった人は、今日からどうするか決意を書きましょう。明日もクイズをやるかもしれませんので。**

家で音読してこなかった子は、これで読んでくるようになります。

ただ声を出していた子は、内容を理解しながらしっかりと読むようになります。

初めから内容を理解したり、場面を想像したりしながら読めていた子は、自分の努力を自分で認められ、自尊感情が高まります。さらに「次は先生はどんな問題を出してくるかな」と予想しながら、より注意深く読むようになります。

「読んできたかなクイズ」によって、学級の子どもたちの読み方の質が変化するのです。

熱中する物語文の授業にするためには、子どもたちが、その物語文の内容を十分に理解していることが前提となります。単元が始まってから、そこの部分を埋めようとしても、時間的に難しいのが現実です。わずか六時間程度しかない文学作品の時数の中で音読を開始し、内容を理解し、そのうえで熱中する話合いを組織するのは実に困難だといえます。

第1時

さて次はいよいよ、「大造じいさんとガン」の単元の第1時です。

ねらい
① 何年にわたる戦いか検討することを通して、物語の全体像をつかむ。
② 大造じいさんの残雪に対する呼び方の変化を確認することを通して、単元の課題を知る。

■まずは一斉指導型の配置で～ねらいに応じて机の配置を変える～

まず机の隊形、子どもが学習する位置、場所についてです。要するに、学習形態についてです。基本的に、私は物語文の指導においては、いわゆる一斉指導型の机の配置が多いです。なぜかというと、子どもがより集中して学習できるからです。静かにじっくりと思考し、自分の考えをもつには「話合い型」でない方がいいと考えます。「話合い型」というのは班の形にしたり、全員の机を中央に向けたりする形のことです。

一斉指導型

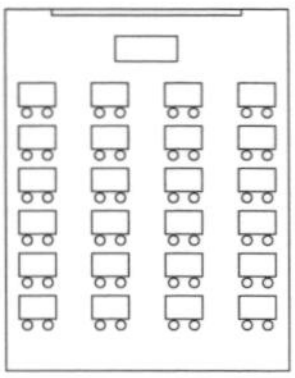

国語科における文学作品の授業において、白熱した討論の授業、子どもたちの力で進行して

話合い型

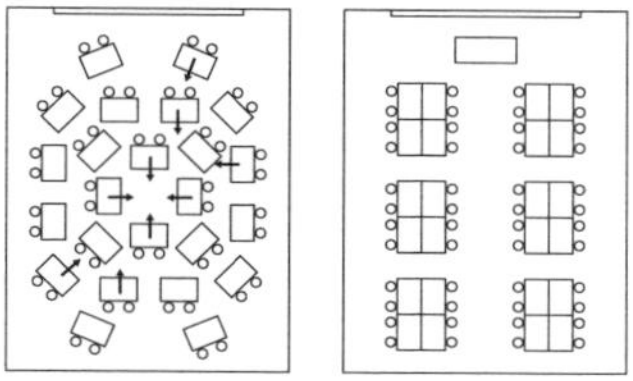

いく授業を求める若い先生の気持ちはわかるのですが、究極的には一人ひとりの子に力を付けるために授業はあります。最終的に社会で生きていくのは、その子であり、その子に付いた力がその子の人生を支えるからです。

同時に、個の学びが深く、広く、高いものであればあるほど、話合い活動、学び合い活動はより活性化し熱中するようになります。一人ひとりが着実に自分の考えをもち表現できることが、熱中授業には不可欠なのです。

熱中する授業は個の学びが起点であり、充実した個の学びが全員参加の熱中授業に帰結していくのです。

そのため、まずは一人で集中して学習に臨める学習形態として、私は一斉指導の形をとります。一斉指導の形は動と静の活動でいうと、静の活動を重視する学習形態です。静かに個人で思考する時間です。

■授業の前に「子どもになったつもり」でシミュレーションを！

ぜひこの本を読まれている先生方も子どもになったつもりで、「発問」に答えて書いてみてください。これはとても重要なことです。国語科の教育書を読むときもそうですが、指導書にしても、自分で考えた発問にしても、授業で行う前に一度ご自身で考えたり、書いたり、シミュレーションしてみてください。

やっていく中で、「五分間と書いたけど、五分間では見つけられないから七分間取ろう」とか、「もっと具体明瞭に発問しないと答えがいくつも出てきて収拾が付かなくなってしまう」とか、「この発問ではつまずく子が出てくるな」というようにたくさんの気付きが生まれます。

これらの改善点を授業案に反映させることで授業がカチッとします。先生の授業展開が安定すると、子どもも安定します。

■教材研究の方法

脱線しますが、私が行ってきた教材研究は次の通りです。九つ紹介します。

①　見開き二ページ百発問

これは有名な教材研究法で私は向山洋一先生の本で知りました。年に一、二回「この単元に力を入れるぞ！」と決めた作品で行っていました。過去、「川とノリオ」や「大造じいさんとガン」では、五百〜六百の発問とその答えを書きました。一文、一行、一つの言葉に至るまで詳細に辞書で調べ尽くしながら教材研究していきました。私の場合は、二通りの方法で行いました。

一つは手書きです。Ａ４ノートを縦書きに使い、四行ほど間隔を空けながら本文を視写します。それが終わったら四行分空いている行間に調べたこと、疑問、発問として使えそうなことをメモしていきました。

もう一つの方法は、パソコンで書いていく方法です。発問と答えをセットでどんどん打ち込んでいきます。データとして記録に残るので便利でした。ただ実感としては手書きの方が頭を使っている感覚がありました。

② 自分で評論文を書いてみる

何度も登場する「事前のシミュレーション」のことです。授業する前に自分で自分の授業を受けてみるのです。子どもになったつもりで自分の発問に対して、考えを書いたり、線を引いたり、答えたりしていきます。発問に合わせてプロットを立てていきます。「川とノリオ」では原稿用紙百枚以上の評論文を書きました。

実際に書いたプロットを示します。

「川とノリオ」評論文

序論

本論

第一章　物語の構成
　　各場面におけるノリオの様子と年齢

第二章　ノリオの年齢
　　「冬」、ノリオは何歳だったのか

第三章　登場人物
　　「川」、「父ちゃん」は登場人物か

第四章　話者の視点
　　「川とノリオ」における話者の視点

第五章　主役と対役
　　川とノリオ、主役はどちらか

第六章　両親の死
　　ノリオは、父ちゃんの死、母ちゃんの死を知ったのか。知ったとすればそれはいつか。

第七章　物語に出てくる色のイメージ
　　ノリオにとって一番幸せ・不幸な色は何色か

第八章　川の存在
　　ノリオにとって川とは何なのか。友達、家族、それ以外?

第九章　川とノリオの対比
　　一番重要な対比から主題を考える。

第十章　ノリオの最後のセリフ

結論

③ 記録を取って振り返る

これは年に二、三回行いました。力を入れていた単元で毎時間の記録を取り、振り返るのです。本時の目標に照らして、達成されたところ、改善すべきところに分けて書いていきました。なぜ達成されたのか。何が働いたことによって、授業が活性化したのか成功体験を言語化していきました。この成功体験を言語化するということが極めて大切です。

理由は二つあります。

一つ目は、自分の武器、自分の技にするためです。今回の成功体験をたまたま起こったまぐれだと片付けるのではなく、どうして成功したのかを考え追究することを通して、いつでもどこでも繰り返すことのできる原理原則として自分のものにするのです。

二つ目は自信をもつためです。よく授業検討会であるのですが、ダメ出しばかりされると何がよかったのかわからず、自分のダメなところばかり指摘され何も残らないということがあります。なので、自分自身のよかったところを振り返ることによって、よくできた自分を承認してあげるのです。

と同時に、もちろんですが、なぜうまくいかなかったのか、予想とはずれた原因は何なのかを分析します。それらを踏まえたうえで次の時間の授業案を書いていきます。毎日、三十分間かけて振り返り、三十分間かけて次の授業の計画を書いていきました。

次ページに、一年「お手紙」の二時間目、六時間目の振り返りの記録の一部をご紹介します。

④ 教育委員会に指導案を送ってもらう

東京都教育委員会（地域によっては教育事務所、教育センター）に電話、FAXをして指導案をありったけ送ってもらいました。十本以上の指導案が送られてきます。書籍や雑誌に載っていない先行実践を調べ尽くすわけです。この方法なら、いろいろな都道府県の実践を知ることができます。それらを読み、自分の目標に合いそうな展開の仕方、発問があれば改良して追実践させてもらいました。

⑤ 作品に関する本を買いあさる

「ごんぎつね」、「大造じいさんとガン」、「一つの花」、「川とノリオ」などは有名作品なので多くの先達が授業実践を書籍化しています。作品名でアマゾンの検索にかけ、表示された本を片っ端から買いました。中には中古本しかなく、今から四十年くらい前の本がたった百ページ程度で一万円近くで出品されていたことがあります。一時間ほど迷った挙句、震える指をなんとか抑えながら「購入」をクリックしたのを覚えています。書籍化されているのが少ない作品で四冊か五冊、有名作品など多いもので二十冊以上出版されています。

⑥ 物語文の全文をパッと読めるようにA３用紙一枚にまとめる

教科書の文章をワードで打ち込んでA３にまとめます。一目で全文がパッと見えて教材研究しやすくなります。何枚も何枚も教科書のページをめくっていくやり方よりも、一度に冒頭から終末まで読めた方が視点移動が少なくなるので集中しやすくなります。

ちなみに、私が授業で使っているのを見て数名の子が「あ、それほしい！」と言ってきたの

一年「お手がみ」２時目　ふり返り

2014年2月19日　西野宏明

東京都〇〇市立〇〇小学校　1年2組　28名

１．今日の到達

①音読三条件を満たした子は１５人。三本読みを好む子が多くなった。
②音読をしてきた子が増えた。してこなかった子は２名ほど。
③「読んできたかなクイズ」では、昨日よりも多くの子が答えられた。
④TSさんに自信がついてきた。

①音読三条件を好む。②音読意欲が高くなった

半数の子が合格した。これまでの鍛えが足りない。しかし、二日間でここまで上がったのは、１時目が良かったからだ。

また１周目が終わった後、「鉛筆三本、やりたい人？」と問うた。すると、昨日よりも元気な返事が返ってきた。ピンと伸びた手。真剣なまなざし。とてもよかった。

家で昨日練習をしてきた子が多かった。最低で１回。最高で８回（TSさんの５０回以上は除く）。

中には、会話文で朗読に近い読み方をする子が出てきた。数名。

次回は、初めて「朗読化」を意識させる。数名を初めて褒めてみよう。

２．今日の課題

①後半がだらけた。
②イメージ発問をポツリポツリの方が良い。
③まだまだ、つっかえる子、下手な読み方の子が多い。

①後半のだらけ

長かったのだ。間延びした。

誰のセリフかを問う発問だった。かえるくんかがまくんかだ。

１ページを全員でやった。その後、次のページをやった。上位の子に

一年「お手がみ」６時目　ふり返り

2014年2月28日　西野宏明

東京都〇〇市立〇〇小学校　1年2組　28名

１．今日の到達

①音読三条件は、ほとんどの子が満たした。
②あらすじをほぼ完全におさえている。

①音読三条件

多くの子が満たした。すらすら読めるようになってきている。徐々に朗読に近づいていている。なかなか良い。１時目、２時目と比べれば、声が大きくなっている。はっきりと読むことができている。

朗読で読めている子が増えてきた。感覚的につかむことができているようだ。

②あらすじをほぼ完全に理解

だれが、いつ、どこで、何を、どのようにしたということがほぼ全員わかってきた。

毎日の音読の成果が出ている。〇読み、宿題など読む回数が増えてきたからだろう。

あとは、読んできたかなクイズの影響が大きい。読んできたかなクイズで、あらすじの大体がつかめるようになった。自分はわからなくても、他の友達が答えてくれる。そして「ああそうか」ということになる。

２．今日の課題

①難しい発問よりも、簡単な発問の方が良い。だれる。
②朗読できる子とできない子との差が大きくなってきた。

①難しい発問よりも、簡単な発問の方が良い。だれる。

あれども、見えずを探すのは難しいようだ。

「おおきなかぶ」でも失敗したように、ここでも失敗した。だれてしまったのだ。なぜなら、多くの子にとっては難しすぎたからだ。直接書いていないことを考えさせ、答えさせるのは難しいようだ。そこまで育っていない。

でコピーしてあげました。評論文を書くときに、便利だったようです。

⑦　ひたすら追実践

私は教師一年目の終わりから分析批評という手法にのめりこみました。分析批評の授業実践はほとんど追実践しました。土日に参加した教育セミナーで知った手法、本を読んで「これはおもしろそう！」と思った実践、サークルの先生から教わった授業は手当たり次第まねしました。守破離の守を徹底して身に付けた格好です。

⑧　一年間、ほぼ毎時間の指導略案を用意

土曜日は八時～十八時、日曜日は七時～十五時まで授業準備、教材研究に費やしました。これは四年間続けました。六年目以降は、国語の授業ではほぼすべての単元の授業案をパソコンで作成してから授業に臨んでいました。

⑨　サークルや勉強会に参加する

文学作品の指導法では分析批評、文芸研（文芸理論）、児言研（一読総合法）がおすすめです。インターネットで探せば他にもたくさんの研究団体、勉強会、サークルが見つかります。指導案や模擬授業の検討をしてくれるので非常に勉強になります。

教材研究をする意味

しかしながら、物語文についていうと、たくさん教材研究しても、調べたこと、思いついたことや考えたことをすべて授業で使えるわけではありません。実際に授業で子どもに発問するのはそのうちの一割か二割くらいです。こう考えると膨大な量の教材研究は、無駄な作業に思えるかもしれません。いちいち調べたり、考えたり、書き出したりしなくても、指導書やTOSSランド（http://www.tos-land.net/）があれば授業を進めていくことはできるからです。

しかしながら、これらの作業は熱中授業をつくるためには、とても意味のある作業だったと思います。理由は三つあります。一つは授業技術に関すること、他の二つは教師の在り方に関することです。

①「いい発問」「優れた発問」がわかるようになり、短時間で浮かぶようになってくる

もちろん失敗と成功を繰り返してつかんでいくという面がありますが、熱中する発問の原則が体感的にわかるようになるのです。しかも、すぐにいい発問が思い浮かぶようになります。先に挙げた教材研究をする以前は数時間かかっても、二日経ってもなかなかいい発問が浮かばないことがありましたが、繰り返していくうちにそれが十分間になったり五分間になったりしました。

「この発問をしたらイマイチだろうな」「この発問は絶対に盛り上がる」ということが直感的にわかってくるのです。授業で実際に試してみると、「ほら思った通りだ」となります。成功するときも、失敗するときも、ほとんどが直感の通りだったことが多々ありました。

たとえば、登場人物のセリフについて発問するとき、「なぜ～と言ったのでしょうか?」と理由を聞くよりも、「登場人物の○○が～と言ったのは本音ですか? それとも嘘ですか?」「～と言ったことを後悔していますか? それとも後悔していませんか?」「声に出していますか。それとも心の中で思っていただけですか?」というように先生が相反する二つの選択肢を用意して選ばせ、理由を話し合う方がよほど熱中するというような原則です。

これらは試行錯誤することによって体得できることです。本を読むだけであったり、先輩から話を聞くだけでは身に付かないことです。

ときに「そんなものは自己満足」とか、「量をこなすことが目的になっている」、「やみくもに量をやっても意味がない」とか言われたことがあります。確かに無駄が多かったです。しかしながらやってみて気付いたのはたくさんの無駄を経験することによって、何が無駄かがわかるようになるということです。無駄な経験をしないと何が無駄かわからないのです。無駄が無駄だとわかると無駄なことはしなくなります。教材研究において無駄が削ぎ落とされていくと、無駄ではないものしか残らなくなります。それが良質な発問を生む源なのではないかと考えます。

量から質に転化する、というのはこういうことだと思います。

② 圧倒的な自信が生まれる～頭の中に作品マップという名の座標軸ができる～

一つの作品について徹底的に教材研究をすると、その作品を指導することに自信が生まれます。授業では「どこからでもかかってこい」という気持ちになり、ゆとりが生まれます。ゆとりがあると、落ち着いて子どもの意見を受け止めることができます。

また、その作品に関する座標軸のようなものが形成されます。子どもの発言を聞いた瞬間に、

「はいはい。なるほどね。この子はそこを突いてきたか」、「この子の意見は、ここに位置付けることができるな」、「まだあの事には誰も触れていないな。ちょっと突っついてみるかな」というように子どもの意見が作品マップのどこかに位置づくのです。どんな意見が出てきても、あたふたしないため授業が安定します。それは子どもに伝わります。先生が安定していると子どもも伸び伸び授業で考えを表現することができます。

③ 物語文を学習する楽しさが伝搬する

先生の楽しんでいる気持ちが子どもに伝搬するのです。教材研究していくと、先生自身がその作品を読み取る楽しさを感じ、「早く授業したい！」という感情がわきます。そして授業の中で、自分と同じように、あるいはそれ以上に楽しんで学習している子どもの姿を目の当たりにします。

「あ、子どもたちはこの作品について思考したり、話し合ったりすることを楽しんでいる。私が家で教材研究していたときに感じたような楽しさを味わっているな。うれしいな」というように、感情の再現性が高まるのです。

先ほど、教材研究の方法の紹介で「自分で評論文を書いてみる」ことに触れました。そこで私は評論文を百枚書いたと述べたのですが、実際に授業を終え評論文を子どもたちに書かせたところ、三人の子が百枚を超える評論文を書きました。学級平均で三十五枚でした。

私は「もっと書きなさい」とは言っていません。しかし、子どもは私の楽しさに感化されたのか、意気込みに触発されたのかやる気満々になって書いていました。

これは私が教材研究を楽しみながらやっていなければ、起こりえなかったことだと思います。

教材研究をしているときもすごく楽しかったのですが、授業では教材研究以上に楽しい時間を味わいました。それが子どもに伝搬したのだと思います。

でも、無理しないのが一番！

先ほど、熱中する授業をつくるうえで膨大な教材研究は意味のあることだと述べましたが、第一章でも書いたように、この本の読者のみなさんに私のやり方を強要するつもりはありません。ただでさえ忙しい現在の先生方にそんなことは要求できません。

五年生を担任する先生方にとって、より効率的に無理なく無駄なく国語の物語文の実践ができるようにと願ってこの本を書いています。そしてせっかくなのでより効果的な授業方法を伝え、少しでも授業実践のお役に立てればと思っています。

ただかつての私のようにやる気だけはものすごくあって、いい授業をつくりたいと強く願っているのに、どのように努力すればいいのかわからず、もがき苦しんでいる若い先生方の参考になればと思い、物語文の授業力を確実に高めるトレーニング方法を紹介してみました。その意図をご理解ください。

物語の全体像をつかませる発問から

さて、授業に戻ります。最初の発問です。

右利きの子の机上

左利きの子の机上

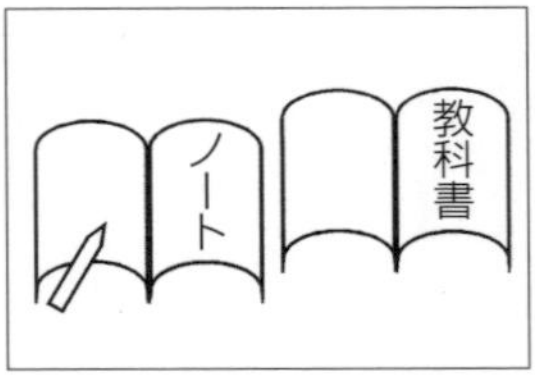

発問 **この物語には大造じいさんと残雪の何年、何か月間にわたる戦い、かかわりが書かれていますか。**

指示 **ずばり、ノートに何年、何か月と書きましょう。時間をまずは五分間程度取ります。**

この指示をするときには、子どもの机上はノート、教科書、鉛筆だけの状態にします。辞書はすぐに出せる位置にしまっておきます。学級によりますが椅子の防災頭巾のカバー、あるいは道具箱の中に入れさせます。筆箱は邪魔なので常にしまわせます。

右利きの子は左側に教科書、右側にノートが基本です。左利きの子はその反対です。このような基本的な学習の躾は学期当初にしておきますが、適宜確認し評価することが大切です。将来的にも、整理整頓ができるに越したことはありません。整理整頓も学力の一つです。

課題 **この物語には大造じいさんと残雪の何年、何か月間にわたる戦い、かかわりが書かれているか。**

「〇年〇か月」を板書し、視写させます。このとき子どもの思考は収束します。時系列で描かれている物語の始めから終わりまでの期間を整理するのです。バーッと散らばっている情報の中から、季節や年月に関する語句に絞って探すので脳はフル回転です。

教科書をめくったり、鉛筆で印を付けたりしている子はそのままで大丈夫なので、手が止まっている子を探します。手が止まる子は大きく二種類に分けられます。一つは考えている子です。もう一つはわからない子です。

机間指導で子どもの状況をチェック

考えている子の視線は教科書やノートにいきます。わからない子の視線は宙を浮くか、床を向くか、視線が遠くへいきます。そこで、わからない子に声をかけながら、全体を見渡します。まずは起点となる時期を教え、そのあと季節、年、月など時を表す言葉を指さして教えてあげるといいでしょう。個別に教える時間はごくごく短時間です。なので、先生自身が「どこに何が書いてあるか」把握しておくことが必要なのです。これがシミュレーションです。

書き終わった子は鉛筆を置いていい姿勢で待つか、教科書を読むよう四月から教えていますので、人数の把握はすぐにできます。五分前後で終わっていない子に聞きます。子どもに聞くことで、子どもは安心して学習できますし、子どもは自分で決めることで責任をもって一生懸命学習するようになります。

空白禁止の原則（向山洋一氏）

質問 あと何分間必要ですか？　あと、何分あるといいですか？

指示 （終わった子へ）なぜその年数（月数）にしたのか根拠をもっていると思うので、できるだけ上手に説明できるよう小さな声で練習していてください。

終わった子へ指示することで、「何もやることがない」子がいなくなります。これが「空白禁止の原則」です。

子どもが指定した時間よりも少しだけ短めに切り上げます。長く待っていると全体がだれるからです。

四つの展開パターン

ここから先の展開パターンはいくつか考えられます。

A　全体発表（挙手指名）
B　ペア（隣同士）で交流→全体発表
C　グループ（班など三、四名）で交流→全体発表
D　自由に立ち歩いて個々に交流→全体発表

他にもありますが、ここでは以上の四つのパターンを見ていきます。ちなみに、「交流」という言葉は場合によっては「話合い」「相談」とする方が子どもにしっくりくるときがありますので、本書でも「交流」のことを「相談」としたり「話合い」と表記することがあります。

さて、A～Dどれを選択するとよいでしょうか。ここでも先生方はどれを選択するか、どれを選択しないか、その理由を考えてみてください。

A　全体発表

B　ペア

C　グループ

D　自由に立ち歩いて

A「全体発表」の場合

私の場合、まず選ばないのが全体発表です。

Ａ全体発表はまだ早いです。この単元に入ったばかりで、まだ子どもたちにエンジンがかかっていません。「発表できる人、手を挙げてください」と言っても数人しか手が挙がらないという状態かもしれません。なので、いきなり全体発表をしても、発表したい子だけで進めていく授業になる可能性が高いです。

そうなると、全体で発言できなかった子は、この授業で一切アウトプットしないことになり、退屈になって熱中しなくなります。発表しなかった子も、できることなら自分の考えを発表し、認められたいと心の底では思っていますからアウトプットの機会を保障したいところです。そのためＡの全体発表は却下です。

Ｄ「自由に立ち歩いて個々に交流」の場合

次に、Ｄ自由に立ち歩いて個々に交流も選びません。

自由に立ち歩いて個々に交流というのは、ノートと教科書を手に持って自由に行きたいところへ行き話し合うという手法です。この方法は多様な答えが出る発問の場合は有効です。

たとえば、「第一場面で残雪のことを『見下している』状態から『感心している』状態に切り替わった瞬間はどこか線を引きましょう」という発問や、「残雪に対する大造じいさんの思いが（最も）大きく変わった一文はどれですか。その理由を話し合いましょう」というような発問です。

このように多様な答えが出る発問の場合には、自由に立ち歩いて同じ考えのグループのメンバーと話すことでより説得力のある根拠を得ることができます。あるいは考えの異なる友達と話し合うことによって、どちらの方がより妥当性の高い意見なのかを吟味、検討する中で、より深い思考ができるようになります。それでもなお自分の考えの方がより説得力があるのか、それとも相手の方が説得力の高い考えなのか、どちらを選ぶにしても、自分の考えを補強するうえで自由な交流は大きな意義をもちます。

しかし今回のように「何年何か月」という明確な答えのある発問には適しません。そこまで深める必要がない発問だからです。

■B「ペアで交流」の場合

次に、この発問の場合にはBペアでの交流（通称ペアトーク）は採用しません。最も大きな理由は、これは学級経営の仕方によるのですが、読み取る力や気の強さに差があるペアの場合には、相手の意見に引きずられてしまう可能性があるからです。もっと平易な発問の答えを確認し合う程度であれば、ペアトークは有効です。

■C「グループで交流」の場合

今回の場合には、C三人グループで三分間取る程度がちょうどいいかなと考えます。ペアだと相手以外いないので、どちらが正解か間違いかという話に終始してしまい会話に幅が出ません。しかし、三人だと考えが三人ともバラバラになったり二人が一緒になったりして「えっ、どうして?」とワクワクしながら意見交流できます。

■発言するときの基本　結論から述べる!

グループ内での意見交流の際には、次のように指示します。

指示　**まずは結論から言います。先に「○年○か月です」と言ってから理由を言うようにしましょう。あるいは、グループ内で「○年○か月」だけ先に全員が言ってからそれぞれ理由を言うとわかりやすいかもしれません。**

このように指示すると発表の型ができて安心して話したり聞いたりできます。話型は話し手にとっても便利ですが、実は聴き手にとっても便利なのです。聴く順番が明確だからです。「まずは結論が来る。そのあとにその理由だな」と構えることができるので、聴覚理解が弱い子でも安心できます。

交流の中で自分の考えが変わってももちろんかまいません。この「グループでの相談」をたった三分間入れるだけでエンジンがかかってきます。熱中授業へ第一歩を踏み出し始めている状態です。熱中し始める理由の一つは、思考が拡散・収束していることです。

■思考の拡散と収束

個人で「〇年〇か月」を考えている最中は思考は収束していました。いろいろな語句から根拠を探し一つの答えに絞る活動だったからです。

しかし、グループでの意見交流中は、思考は拡散しています。複数の意見を聞き、どれが妥当かどうか検討していくわけですから考えがどんどん広がっていきます。自分の考えた「〇年〇か月」も相対化されます。「私の考えで合っているはずなんだけど……。ん？　ちょっと待てよ……」という状態です。

■静と動のバランス

熱中し始める理由の二つ目は、動と静の活動のバランスが良い状態だからです。一人で静かに考えている最中は静の活動です。しかし、グループで伝え合う時間は動の活動に切り替わります。動と静のメリハリがあるので熱中するのです。四十五分間静かに聞くだけでは疲れます。反対に、四十五分間動きっぱなしでは国語科としての知的な学びは少なくなります。だから授業を構成するときには、動と静の活動をバランスよく組み合わせることが大事なのです。

■グループ交流の二つの目的

グループ交流においては、一つの答えにまとめあげる必要はありません。ただの発表のし合い、聞き合いでいいのです。

一人ひとりの発表を保障することが大きな目的だからです。一人ひとりがアウトプットできることによって、発表が好きな子も、発表が苦手な子も、どの子もフラストレーションが解消されます。アウトプットを承認してもらうことで、学級やグループにおける所属意識が向上するようになります。それが高い意欲につながっていきます。

あともう一つ大事なのが、グループで意見を発表すると、まだ聞いていない他のグループの友達の意見を聞きたくなるということです。自分の意見を二人に伝える。二人から意見を聞く。そうなると一体どの意見が正解なのか、他のグループはどうなのかと気になります。グループでの相談が全体発表への動機づけになるのです。

全体発表と板書

さていよいよ、Aの全体発表です。学級全体の思考が最も大きく拡散する状態となります。一人ひとりの意見がバーッと学級全体に広がっていきます。

黒板の右側から左側にかけて年数の短い順に、板書していきます。

板書

二年六か月
三年
三年六か月
四年
四年六か月

質問 **一年未満だという人？　いない。では二年未満？　いない。では三年未満の人？　○○くん。**

子「二年六か月です」

質問 なるほど。では四年未満の人？ △△さん。

子「三年です」

質問 ほうほう。三年以外の人？ では□□さん。

子「三年と六か月です」

このようなやりとりを繰り返して、図のように全員の意見を時間順にバーッと列挙します。

板書

5		2	
二年六か月	三年	三年六か月	四年	四年六か月

※各意見の上部に算用数字で人数の分布を書きます。

■意見の分布調べ

どれが正しいか学級全体で検討していく前に、やっておきたいことがあります。

意見の分布調べです。たとえば上の板書のような回答が並んだとします。これらを右から指しながら、「この意見と同じ人？」と聞いて、手が挙がった人数を意見の上に書いていくのです。

こうすることで、子どもたちは自分と同じ意見が何人ほどいて、違う意見が何人いるのかわかります。先生は学級の子どもたちの読解力の到達度がわかります。人数の分布がわかると、子どもたちは燃えます。

■「話合い」を目指すが「発表合戦」に終始してしまうのはなぜ？

さて、ここから、どの意見が正しいのか検討していきます。ここでいう「正しい」というのは、叙述の文言に即して正確に読み取ることができているということです。

私の先の例だと、五つの意見が出ました。ただ、黒板に列挙されている意見が多い状態で子どもに自由に話合いをさせても、議論が深まっていきません。

子「私は三年六か月が正しいと考えます。なぜなら、～」

子「私は四年六か月が正しいと思います。どうしてかというと～」

子「二年六か月が正しいです。なぜかというと～」

子「私は四年～」……。

言いっぱなしに終始してしまうのです。意見は飛び交うのですが、発言と発言がかみ合わず、「最終的にこの話合いどうなるの？」という雰囲気になってしまいます。

ほとんどの子は「～という理由で～が正しいです」と自分の意見の正当性を発言します。よほど発表力の高い子か、討論で鍛えられている学級以外は、友達の意見に反論したり、友達の意見に付け足したりすることはできません。ではどうしたらいいのでしょうか。

■思考が収束していく発問により「発表合戦」から「話合い」へ

学級全体の思考が拡散している状態から、思考が収束していくための発問をするのです。「これは違う」という意見からつぶし注、絞っていくわけです。

発問 **この中で、これは違う！　おかしい！　という意見はどれですか。一つ選びます。**

この発問で思考が一気に収束していきます。熱中状態へ入っていきます。なぜでしょうか。

注

「意見をつぶす」…複数ある意見の中から「これはあきらかにおかしい」という意見に批判を加え、消去法で意見を絞り込んでいくことです。意見を二つ程度に絞り込むことにより、子どもたちの思考が焦点化し、より充実した話合いが可能になります。

いくつも選択肢がある場合には、意見の肯定部分を主張し合うよりも、他の意見の否定部分を強調し、おかしい点を全員で合意形成しながら意見を絞っていく方が議論が整理されていくからです。

■本文（叙述）に即した発表の仕方

ここからは挙手指名です。二人か三人指名すれば、自ずと正解が出てくるはずです。先の例だと、年月の長い順からつぶされていきます。指名した子は、おかしいと考える理由を説明していきます。その場合、必ず教科書を根拠にします。

Aくん「ぼくは四年六か月はおかしいと考えます。大造じいさんは全部で何回作戦をしかけていますか？　教科書○ページを開いてください。○行目に～と書いてあります。これが一回目です。二回目は教科書の○ページ、○行目に～と書かれています。…（略）…三回ですよね？　年に一回しかけています。そして、最後に残雪が飛び立つのが春です。これだと、どう考えても四年以上経っていないことになります。四年六か月の意見のみなさん、どうですか？」

このように本文を根拠に発言させます。

これで、「四年」と「四年六か月」はつぶれました。

■絞ったあとは「～だから～は正しい」という肯定意見の発表で進める

次に「二年六か月」と「三年」と「三年六か月」を検討します。

ここまでくれば、「これは違う」方式でなく、「これが正しい」方式の肯定型の意見で十分議論ができます。合意形成により議論の土台ができているからです。ここで意見を整理するよう先生が促してもいいかもしれません。

質問 **初めから時間の順を追って説明できる人はいませんか。まずはズバリ結論からお願いします。**

挙手したBさんを指名します。

Bさん「わたしは二年六か月が正しいと考えます」

全員を授業に巻き込む技術

Bさんが理由を言う瞬間に「あ、ごめん、ちょっと待って！」と言い、その子に答えさせないようにします。「同じ人？」、「違う人？」と聞き挙手させます。先ほどのAくんの意見により、二年六か月の子が増えています。

指示 **Bさんが答える前に、みなさんがBさんになったつもりで一人ひとり理由を説明してください。ペアでどうぞ。**

全員を授業に巻き込む技術の一つです。子どもにとっては、Bさんが答えるのを聴こうとしていたら、「自分がBさんになったつもりで説明しなさい」と指示されたため、意表を突かれた状態です。聴く構えができていただけに、余計に全員が集中します。だからこそ「聞く側だからといって油断してはいけない。あなたが学習の当事者なのだ」ということを突きつけます。自分自身が説明せざるを得なくなるわけです。

ペアで話し終わったら、Bさんに戻ります。この指示によってBさんは、全体発表の前にワンクッション置いて考えることができるので安心します。落ち着いて全体発表に臨めます。

■時間順に説明　発表例

Bさん「わたしは二年六か月が正しいと考えます。その理由を説明していきますので、みなさん、教科書○○ページを開いてください。○行目に『秋の日が』と書いてありますよね。だから、最初に作戦をしかけた季節は、秋だということになります。ここまでいいですか？（はい）要するに大造じいさんと残雪が戦い始めた、そのスタートが秋だということです。そうなると、また次の年に残雪が来た時点で一年が経ったことになります。これが二回目の作戦です。いいですか？（はい）残雪が来るのは秋だと決まっているので、その次に来た年で二年が経つことになります。三回目の作戦で、ハヤブサが来た場面のことです。しかもこの場面には○○ページの○行目に『このガンは、二年前、じいさんがつりばりの計略で生けどったものだったのです。』と書いてあるので、ここまでで二年間だったことは確実ですよね？（そうそう）そして最後に春まで大造じいさんの家で過ごしましたね？（うんうん）秋から春までなので、およそ四か月から半年経つことになります。だから、二年六か月が正しいと考えます。三年以上の意見のみなさん、どうですか？」

集中して授業に臨むようになる問いかけ

質問 Bさんが発表した内容、わかった?

子「はい」「うんうん」

基本的に授業では「わかった?」「わかりましたか?」という質問はふさわしくありません。なぜなら多くの子は「いいえ、わかりません」とは答えないからです。多くの子はわからなくても「はい」と答えるでしょう。そこで次のように聞きます。

発問 **本当に? では説明してもらいますよ。○○さんが言ったことを、要約してください。**

こう問い返すことで、緊張感が増し、さらに集中するようになります。この問いのねらいは①話をしっかりと聞かせること、②集中して授業に臨むように働きかけること、③要約力、言い換える力を身に付けさせることです。

友達の意見を聞き要約できる力を定着させたい場合はペアトークを入れます。ペアトークがくどいと感じる場合は、誰か一人を指名して発表させればいいでしょう。

視覚優位の子に対して板書で支援

これで正解は、二年間と約四~六か月だということに結論付けられます。

ちなみに先生は子どもの発言中、わかりやすくするために板書して整理していきます。聴覚優位の子は聞くだけでスッと理解できますが、視覚優位の子にとっても理解しやすくするためです。

この発問は物語の全体像をつかみ、期間を確認するというのが主な目的で、考えを深めるという類いの発問ではありません。それほど大きな議論を呼び起こすものではありません。そのため全員で確認し、整理したらさっさと終わらせてしまっていいところです。

授業の時間としてはここまでおよそ二十五分～三十分間です。

「聴かせる！」発表の仕方～巻き込み型発言～

さて、ここで発表の仕方について解説します。先ほど例として二名の子の発言を具体的に記しました。いくつか特徴があることに気付きましたか。

必殺、巻き込み型発言です。

巻き込み型発言というのは、聴く側がただ聴くだけでなく、聴くという行為の中に積極的な参加姿勢が求められ、集中して聞かざるを得なくなる発表手法のことです。聴き手がボーっとしたり、「あ、なんか誰か話してるな」と他人事にしたりできなくなる発言の方法です。

巻き込み型発言　五つの型

①「わたしは～と考えます（～です）」頭括型
②「教科書○ページを開いてください。○行目を見てください」指示型
③「～よね？」呼びかけ型

④「ここまでいいですか」確認型
⑤「〜の意見のみなさん、どうですか?」投げかけ型
それぞれの型に関して解説します。

①「わたしは〜と考えます(〜です)」頭括型

①は、結論を先に言う、という発表の基本です。先に結論が出ると、聞く側は見通しがもてます。見通しがもてると安心して、理由を聴こうとする構えができます。

②「教科書○ページを開いてください。○行目を見てください」指示型

②は、ボーっとさせないポイントの一つです。ページを指定され、しかも開くように指示され、さらには行数まで見るように言われます。

このように手と目を動かすように指示されると、友達の意見をただ聴き続けるよりも、ずっと能動的に聞くことができます。しかも、教科書を根拠にして話しているので、発言者と聞く側が同じ土俵に立てるわけです。だから聞いていて、肯定意見、否定意見が浮かびやすいのです。意見を言うときには教科書の本文を引用したり、指摘したりすることが熱中する授業の基本となる理由はここにあるのです。

③「〜よね?」呼びかけ型

③のように、「〜ね?」と呼びかけられると、選択に迫られます。うなずくか首を振るかのどちらかです。基本的には、発言中に使う「〜よね?」、「〜たね?」の呼びかけは、論を展開していくうえでの前提部分の確認です。だから全員がうなずきます。全員にうなずかれると、話し手は発言にリズムが出てきます。発言にリズムが出ると、聴き手は引き込まれていきます。

④「ここまでいいですか」確認型

④は、あらゆる教科に使うことのできるワザです。特に算数科の説明で多用します。効用としては③の呼びかけ型に似ていますが、話の流れを理解するのが苦手な子がいる場合にはおおいに役立ちます。

また、論理に飛躍が生まれにくくなります。一つ一つ丁寧に論が進められていくので、全員がつまずくことなく「ここまでの時点では共通理解しているよね？　だから次の説明に移っていいよね」という合図になり、聴いていて安心できます。

けれども、「ここまでいいですか？」という部分で何でもかんでも「はい」とうなずくのはおかしいです。話合いが胡散臭くなります。「ん？」「ちょっと待って、よくわかりません」「もう一回お願いします」と感じるときは、相手に配慮したリアクションをするように指導しておきます。

⑤「～の意見のみなさん、どうですか？」投げかけ型

⑤は、聴く側の子が、他人事でいられなくなる発問です。全員が同じ土俵で意見を戦わせている中で、相手が「私はこう考えますが、あなたはそれに対してどう考えますか」と迫ってくるのです。意見に同意するのか、それともさらに相手の意見を批判するのか、考えるから時間が欲しいのか、いずれかになります。自分の意見の方が妥当なのか、それとも相手の方が妥当なのか考えます。

■声は相手の胸めがけて「べたー」と貼り付ける！

もごもごと聞き取りづらい声で発言する子には、次のように指導します。

「ただしゃべりたいの？　それとも、思いや考えを相手に届けたいの？　どちらなのですか？」

つまり、「しゃべる×」→「届ける◎」という構図にしたいのです。ただ声を出すのではなく、相手に意見を届けたいと子どもは願っていますし、だからこそ相手に届けなければいけないわけです。

そこで出てくるワザがこれです。声の貼り付け。演劇教育の正嘉昭氏の実践です。声を聴き手に貼り付けるのです。がんばって大きな声を出すでもなく、怒鳴るでもない。目力と意思で相手の胸にめがけて声をべたーと貼り付けるのです。声の大きさはどうでもいいことです。小さな声でも、声を貼り付ければ十分に届きます。

「聞こえませ〜ん」という子には「あの子は緊張していて声が出にくいかもしれないから、一緒に近くに行って聞いてあげようか」と発表者のそばで聞きます。そうなると、次からは「聞こえませ〜ん」というチクッとする言葉はなくなります。

残雪に対する大造じいさんの気持ちの変化を読み取る

授業に戻ります。残り二十分〜十五分間です。

発問をします。

発問　この物語で残雪に対する大造じいさんの思いは変わっていきましたか？　それとも変わらないままでしたか？

これは全体に投げかけます。全員が、「変わっていった」と答えます。

説明 今日からそれを探っていきます。大造じいさんが残雪と戦っていく中で、どのように気持ちが変化していったのかを読み取る学習をしていきます。

発問の言葉をよくよく吟味する→曖昧な発問は子どもを混乱させる

では次の発問です。

発問 **大造じいさんが残雪を呼ぶときの、呼び方はどのように変わっていきますか。**

ここで子どもから質問が出るかもしれません。

子「先生、呼び方って、大造じいさんが声に出している言葉だけですか、それとも心の中で言っている呼び方も含めるんですか。あと話者がじいさんの中に入って語っているのも含まれるんですか？」

これは私の発問の言葉の規定が甘かったことが原因です。

ちなみに、すでにこの子はおよその答えがわかっている子で、頭の回転の速い子です。

あらかじめ「じいさんが心の中で呼んでいるもの、話者がじいさんの代わりに語っているものも含めて順番に六つ書き出します」と述べた方がよいかもしれません。

このように、発問、指示というのは子どもから質問されないように緻密に考えるべきものなのです。だから事前のシミュレーションが大事なのです。自分の指示発問で自分が子どもになったつもりで授業を受けてみるのです。そしてつまずくかもしれない点、曖昧な点があれば改良するのです。この一見面倒くさい作業を積み重ねていくことで、授業の密度が濃くなっていきます。無駄な時間が無くなるからです。

発問が不完全で、指示が曖昧だと子どもから質問が出てきます。それにいちいち答えなくてはなりません。さらに、子どもの中に混乱が生まれます。先生は説明するのですが、説明すればするほど子どもはわからなくなることが多々あります。これが時間の無駄なのです。

子どもは不安定な発問や指示をされるとフルパフォーマンスが発揮できずモヤモヤが募ります。国語が苦手な子はさらにわからなくなり、賢い子ほどイライラします。熱中授業からは程遠い状態になってしまいます。

指示 **じいさんが心の中で呼んでいるもの、話者がじいさんの代わりに語っているものも含めて順番に六つ書き出します。時間は七、八分間取ります。六つノートに書き出しましょう。**

ここは個人の学習の時間です。動と静の活動でいうと静の活動です。思考は収束します。

■ヒントの出し方〜二通りの方法〜

1　先生が先にいくつか答えを伝える方法

一つ目は、最初に先生が答えを二つほど先に伝える方法です。

指示 **これは少し難しいので、一つ目と四つ目は答えを示します。一つ目は「なかなかりこうなやつ」、四つ目は「あの残雪め」です。では他の呼び方を見つけてみましょう。**

この方法は、課題が少し難しい場合、答えを書くときに迷いが生じるであろう課題のときに使います。

2　全体に問う方法

二つ目のやり方は、全体に問う方法です。

質問　**一つ目の呼び方はどれですか。**

子「『なかなかりこうなやつ』です」

指示　**その通りです。いいですね。こんな感じであと五つ探してみてください。**

ヒントは、苦手な子だけではなく、「これでいいのかな」と思っている多くの子にとっても安心して学習できる助けとなります。今回は一つ目の方法を取った方がよいと考えます。迷わせて話合いにもっていくのではなく、あくまでも大造じいさんの残雪に対する呼び方の変化を確認するのが目的だからです。

■ペアトークで静から動の切り替え→答え合わせへ

ある程度、全員が書けたら答え合わせをするのですが、もしも時間に余裕があれば、一分間程度、隣同士で交流、つまりペアトークをしてもいいかもしれません。静の活動でため込んだエネルギーを全員に発散させたいからです。静の活動から動の活動へと切り替わると子どもたちは、生き生きと交流します。答えを確認したり、違う理由を短く話し合ったりするだけで十分です。先に書いたように、このペアトークによって「早く正解が知りたい」という動機づけができますので、スムーズに全体発表に移行できます。

答え合わせは挙手指名、あるいは指名発表でいいでしょう。

質問 二つ目の呼び方は何でしょうか。○○さん。

子「はい、『たかが鳥』です」

この流れでどんどん聞いていきます。答えは次のようになります。

(1)なかなかりこうなやつ　(2)たかが鳥　(3)あの残雪　(4)あの残雪め　(5)ガンの英雄　(6)えらぶつ

全体像の提示で見通しをもたせる

大造じいさんの気持ちの変化がどこなのか、全体に問います。

発問 板書を見てわかる通り、物語の始めから終わりにかけて、大造じいさんの残雪に対する印象は、明らかに変わっています。何番と何番の間ですか。

子「(4)と(5)の間」

説明 そうです。マイナスからプラスに大きく変わっています。今回の「大造じいさんとガン」では、「たかが鳥」、「あの残雪め」というマイナスの印象が、どこで、どうして、そしてどのように「英雄」「えらぶつ」というプラスの印象に変わっていたのかを読み取り、考えていきます。大造じいさんの心の変化を追っていくのがこの単元の課題です。

板書

呼び方の変化
(1)なかなかりこうなやつ
(2)たかが鳥
(3)あの残雪
(4)あの残雪め
(5)ガンの英雄
(6)えらぶつ

このように単元の最初に、学習する大枠、全体像をスパッと示すことによって、子どもは学習の見通しをもつことができます。端的な学習課題をもつと、子どもは安心して学習できます。しかも「謎解き」のような課題を設定すると、それを念頭に置いてワクワク読んでいきます。

第2時

ねらい
○大造じいさんが残雪に対して「たかが鳥」という印象から「感嘆」する対象へと切り替わる部分について叙述をもとに話し合う。

■課題を再確認

前回の授業では残雪に対する大造じいさんの呼び方の変化を押さえました。呼び方の変化を画用紙に書いたものを示しながら説明します。

説明 単元の課題をもう一度思い出してください。マイナスの呼び方からプラスの呼び方に変わるまでに、何があったのか。どこで、どうして、どのように変わっていったのかを読み取るのが課題でした。そのために、今日は第一場面を読んでいきます。この場面の大造じいさんの残雪に対する思いを探る学習が、単元の課題を解決する手掛かりになるかもしれません。

単元の課題を適宜思い返すことによって、呼び方の(1)～(6)のどの部分を今学習しているのか現在の位置付けを知ることができます。

板書

第一場面の設定
季節＝
日数＝
時間＝
場所＝

板書

第一場面の設定
季節＝秋
日数＝二日間
時間＝夜中、
昼近く
場所＝ぬま地

第一場面

指示 **第一場面の設定を確認します。季節、日数、時間、場所をノートに書きましょう。次のようにまとめます。時間は四分です。**

こう言って上のように板書します。個人で書く時間です。動と静でいうと静の活動ですね。設定を整理しまとめるので思考の収束です。どの子も静かに集中して読み、ノートに書きます。ここは事実を確認するだけなので、サッと答え合わせをします（上の板書を参照）。

授業中に音読する？しない？

ここで、授業冒頭で音読すべきかどうか。私の場合は、初めて読む文章、その文章にまだだれていないとき、気分転換を子どもが欲しているとき、朗読に力を入れたいとき、公開授業などで音読力を見せつける必要があるとき（？）は音読します。

しかし、今回は家でもたくさん音読しており、内容を理解しています。それ以上に、第2時目は第一場面の設定を確認するのが目的です。そのため、一斉に音読するよりも、それぞれのペースで黙読した方がノートにまとめやすいです。目的に応じて音読するか、しないか決めます。

すべての子どもに配慮

最初に設定を押さえました。「そんなの読んでいれば誰でも理解できることなのだから、わざわざノートに書いてまとめる必要ないのでは」という意見があるかもしれません。

しかし、なかにはここまでしないと物語の場面が想像できない子がいます。また子どもによっては、一つ一つ整理しながら理解していくことによって、落ち着いて学習できる子もいます。

場面の流れを確認＝テンポよく質問

ここから先、場面の流れを確認していきます。テンポよく質問していきます。

発問 **毎年やってくる残雪のことを大造じいさんはどう思っていましたか？　大造じいさんの気持ちに線を引きましょう。**

これは簡単です。挙手指名ですぐに答えさせます。

子「いまいましく思っていました。」

辞書を使うことを当たり前に

ここで子どもたちに聞きます。

質問 **「いまいましい」の意味がわかる人？　辞書で「いまいましい」という言葉を調べた人はいますか？**

調べた子どもをほめます。いなければ、全員で調べます。意味を確認し合ったあとに、次の話をします。

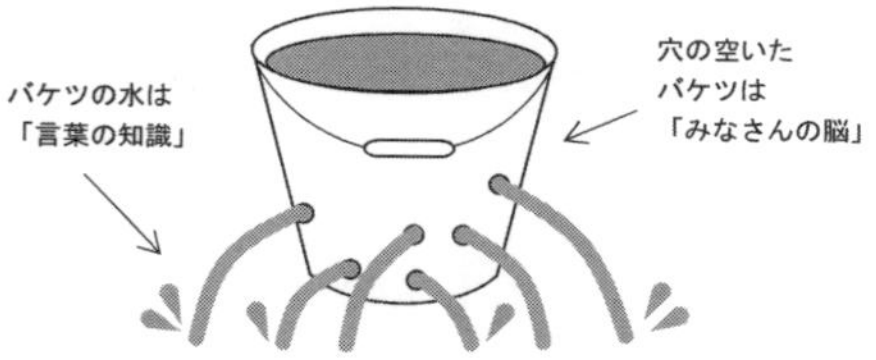

話 わからない言葉を辞書で調べていくのは大変かもしれませんが、とても大事なことです。たとえ話をします。一つのバケツがあると想像してください。しかしそのバケツには穴がいくつも空いています。水を入れても、どんどん穴から出て行ってしまいます。

実は、その穴の空いたバケツが、小学生時代のみなさんの脳です。水が言葉の知識です。水が流れ込むように、言葉の知識がどんどん入っていきますが、その中にはまだまだみなさんが知らない意味の言葉がたくさんあります。すると、空いている穴からわからない言葉がどんどん出ていきます。しかし、穴をふさぐ方法があります。それが辞書なのです。辞書を使って意味を理解してしまえば、もう自分の知識になります。忘れてしまっても、もう一度聞けば思い出せます。穴がふさがれているからです。というわけで、辞書をたくさん使っていきましょう。

その日から辞書を使う子が増えます。辞書を使った子を必ず評価するようにしましょう。こうすれば、学級の子にとって辞書を使うことが当たり前となります。

■「教える」場面と「考えさせる」場面のバランス

次に、なぜいまいましいのかを発問します。

発問 **大造じいさんは残雪に対していまいましい思いをもっていますね。どうしてですか。**

子「狩人だから！」

これは思考ではなく知識の問題です。「狩人とは何か考えてノートに書いてみましょう」というのはおかしな発問です。「考えさせる」のではなく「教える」べきことです。授業では考えさせる部分と、教える部分を明確にすることで、授業展開に緩急がつきます。これを可能にするのが教材研究です。事前に、「ここは教えよう」「ここは考えさせたいな」と決めておくのです。

発問 **狩人って何をしている人か知っていますか？**

子「動物をとったりして……」

狩人の生活について解説します。ほとんどの子どもは「狩人」について知らないのが実際です。狩人である大造じいさんの切羽詰まった状況、そのリアリティがつかめないと、大造じいさんの思いや行動を理解することができません。物語のクライマックス（第三場面）を検討するときに、ここでの知識がカギとなります。繰り返しますが、「狩人」の意味を辞書で調べていた子がいたら、忘れずに評価しましょう。

■第一場面の展開の確認　続き

発問 **大造じいさんが残雪たちを捕まえようとするのは初めてですか。それとも、以前から捕まえようとしていたのですか。**

子「初めてじゃない！」

これも複雑ではありません。挙手指名で発表して答え合わせをすればいいでしょう。

指示 **そうですね、初めてではありません。そのことがわかる文を二つ書きぬきましょう。ノートに書きます。**

板書

ガンをとる。
＝初めて×

「そこで、残雪がやって来たと知ると、大造じいさんは、今年こそはと、かねて考えておいた特別な方法に取りかかりました。」

「今度は、なんだかうまくいきそうな気がしてなりませんでした。」

発問 **これらの文の中の、どの言葉からわかりますか。**

子「今年こそ」「今度は」

この発問を入れたのは、改めて狩りの邪魔をされることが、「狩人」にとって死活問題であるということを強調したかったからです。

さらに、大造じいさんの本気度を理解させるために、次の言葉に注目させてもいいでしょう。

「今年こそは」「特別な方法」「一晩中かかって」「今度は」

発問 **なぜ、そこまでして残雪をしとめようということを考えていたのでしょう？**

これら四つの言葉から、どんなことがわかりますか。

大造じいさんの並大抵でない思いが伝わってくる表現だということをつかませます。

今回の特別な方法で使った道具は何ですか？　四つ言いましょう。

・タニシ　・ウナギつりばり　・たたみ糸　・くい

発問 **大造じいさんは、どんな気持ちですか？**

子「わくわく」

発問 **どうして？**

子「とれる確信があるから」

発問 **結果はどうなりましたか？**

子「生きているガンが手に入った」

発問 **だから気持ちは？**

子「喜びました。うれしく思いました」

発問 **どうして喜んだの？　なぜうれしかったの？**

子「ガンが手に入ったから」「生きているガンがうまく手に入ったから」

板書

A「生きているガン」だからうれしい。
B「死んでいるガン」でもうれしい。

■授業の緩急、静と動のバランス

ここで少し考えさせる発問をして、板書します。

発問 **さらに突っ込んで聞きたい。大造じいさんはガンをとるために作戦をしかけましたね？　結果的にガンをとることができて喜びました。それは「生きているガン」だからなのですか？　「死んでいるガン」ではいけなかったのですか？**

指示 **ずばりAかBか自分の立場を選びましょう。理由も書きましょう。**

パッと答えるには難しい発問です。しかし二年後の作戦につながってくる部分なので少し時間を取って考えさせます。これが授業における「緩急」です。

一問一答型でテンポよくパンパンと発問を投げかけるスピード感のある場面。反対にじっくりと考え、話し合い、検討していく場面があります。このバランスが取れると子どもは熱中します。私が授業を構想するときに常に念頭に置いていることです。

■解説　発問の二つの型

発問の形式を大きく分けると二種類あります。

①　一問一答型

物語の設定や場面の様子を確認するための発問。

特徴：教師がテンポよく質問していき、子どもは質問にすぐに答える形式。平易な質問。

例：「二回目の作戦から何年間経ちましたか」「大造じいさんが今年の作戦のために用意したものを三つ言いましょう」「残雪がやってくるのは初めてですか」

②　思考促進型

根拠をもとに意見を考えたり、伝え合ったりするための発問。答えるためには、思考を必要とし、教科書を読み返したり、ノートに書いたり、本文に線を引いたり、話し合ったりする。答えるのに時間のかかる発問。

例：「残雪に対する大造じいさんの思いが最も大きく変化したことがわかる一文はどれですか」「『ううむ。』と『ううん。』とでは、残雪に対する思いは同じですか。それとも違いますか」「大造じいさんは残雪をどの文まで見下しており、どの文から感心していますか」

■各意見には記号を振る

板書のように、意見にはＡＢＣＤ……と記号を振ると便利です。意見を言ったり聞いたりするときに、その意見が長い場合、いちいちすべて読むのは大変です。テンポも悪くなります。発言のときは「AではなくBだと考えます。なぜならAは……」というようにします。①②のような数字ではなくABC……の記号がおすすめです。数字だと、その意見を選択している子が何人いるのか示す数字と混同してしまうからです。

挙手させるかどうかの見極め

授業に戻ります。A「生きているガン」だからうれしいのか、B「死んでいるガン」でもうれしいのか。二択の場合は、私はどちらかに手を挙げさせることが多いです。どちらの意見にどのくらいの人数がいるのか、私も子どもも知りたいからです。また、子どもに自分の立場を表明させる意味もあります。しかし、こうする前に先生は、学級の全員がそれぞれの立場を決めているかどうかを見極める必要があります。

考えの足掛かりとしての活動例〜音読して比較してみる〜

迷っている子が多数を占めている場合には、いきなり挙手させてしまっては授業が成り立たなくなってしまいます。「どちらかに手を挙げろと言われたから挙げたけど、本当はまだ決めてなかったんだよな」と子どもはモヤモヤとした不安、落ち着かなさを感じながら授業を受け続けることになるので、フルパフォーマンスで思考すること（全力で思考すること）ができなくなります。

このような場合はどうしたらいいでしょうか。考えるための足掛かりとなる活動を組み込みます。AなのかBなのか比較する活動を取り入れます。今回は音読です。

音読 **じいさんは、思わず子どものように声を上げて喜びました。一羽だけであったが、生きているガンがうまく手に入ったので、じいさんはうれしく思いました。**

①教科書のこの部分を先生が音読します。次に子どもたちが音読します。

②今度は、「生きている」の部分だけは声を出さずに先生が音読します。次に子どもたちだけで音読します。

③さらに「生きている」の部分を「死んでいる」に変えて音読してみます。同じように子どもも音読します。

④二、三通りの方法で読み比べます。時間を取って、何回か読みます。速さはバラバラでいいので、読んだり、聴いたりして言葉の有無による感覚の違いを比べてみます。

このように考える足掛かりとして活動を取り入れることで、考えやすくなるということがよくあります。それでも、AかBかを選ぶ決め手が見つからず、授業が停滞したら、迷わず発問を変えます。難易度を下げて、より考えやすい発問にします。

発問 **AとB、どちらがよりうれしいですか。そして、それはどうしてですか?**

板書

A「生きているガン」
B「死んでいるガン」

■「うまく」に着目させる

ここまでくれば、どちらかに意思決定できるはずです。ほとんど全員がどちらかに決められたら、ABどちらかに挙手させたあと、ペアトークあるいは三人グループで伝え合います。こうして動の活動を入れて発散できると、次の展開にスムーズに移行できます。あとは挙手指名で進めていきます。

子どもから二年後のおとり作戦の「うまく手に入った」の「うまく」に着目した発言が出てくればすばらしいです。詳しく解説してもらいます。

この発問はAかBかで討論をしたり、理由を深掘りしたりする性質のものではありません。あくまでも、大造じいさんが生きているガンを捕まえ、それをいつかおとりに使おうと考えていたことを理解させることが目的です。もしも、子どもの中からまったく意見が出てこなければ、先生が教えます。

説明 「生きているガン」だから、よりうれしかったのです。それがどこからわかるか。実は答えの手掛かりになる言葉がズバリ書かれています。

「一羽だけであったが、生きているガンがうまく手に入ったので、じいさんはうれしく思いました。」の中にあります。その言葉はどれですか。三文字です（少し時間を取ります）。

「うまく手に入った」の「うまく」です。大造じいさんは、生け捕りをねらっていたことがわかります。ねらっていなければ、「うまく」という言葉は使わないはずです（たとえば、と言ってたとえを示します※）。

さらにもう一つ。第三場面に「じいさんは、長年の経験で、ガンは、いちばん最初に飛び立ったものの後について飛ぶ、ということを知っていたので、このガンを手に入れたときから、ひとつ、これをおとりに使って、残雪の仲間をとらえてやろうと、考えていたのでした。」と

※次のようなたとえを示します。「野球の試合で、かすり傷は負いましたが、うまくホームインできたのでうれしかったです。」

書いてあることから、とった時点でいつか「おとり」作戦をしようと考えていたといえますね。
だから生きているガンをとることができてうれしかったのではないでしょうか。

発問 二回目は捕まえることができましたか？

子「捕まらなかった」

事実の確認です。簡単な内容でも、教師が確認することで全員が理解して授業についてくることができます。

■大造じいさんの残雪に対する印象が「バカにする存在」→「感嘆する存在」に切り替わったのはどの文とどの文の間か？〜二通りの授業案を用意〜

さて、ここからが主発問です。

AパターンとBパターンの二通りの方法を用意しました。

ダイナミックさを味わいたい、想定外の子どもの意見が出るのを求めたい先生はAパターンを。一つ一つ確認しながら、あまりイレギュラーのない安定した展開を求める先生はBパターンを参考にしてみてください。主発問の文言は同じです。

■Aパターン：ダイナミックな展開

発問 第一場面で大造じいさんは残雪のことをどう思っていますか？

時間を取ってから挙手指名します。

子「いまいましく思っている」　子「『たかが鳥』とバカにしている」

子「感嘆している」　子「両方」　子「時間によって違う」

説明　みなさんが言うように、思いは変化していっていますね。いまいましく思っていたから、特別な方法をしかけた。そして、最初は「たかが鳥」とバカにしている。けれども、第一場面の最後には感嘆している。感心しているわけです。

主発問　では聞きます。大造じいさんは残雪のことを、どの文まで見下げてバカにしていて、どの文から感心していますか？　その転換点に線を引きましょう。

Bパターン：安定した展開

発問　第一場面の中で、残雪に対する大造じいさんの呼び方は変化していますか？　それとも変わっていませんか？

子「変わっています」

一時目で作った残雪の呼び方の一覧表（画用紙）を全員で確認します。

発問　そうですね。変化していますね。作戦の一日目は「たかが鳥」でした。「たかが」というのはどんな意味ですか？

子「見下している。見くびっている」

辞書を使って調べた子をほめます。辞書を使う子が増えるからです。

板書

呼び方の変化
(1)なかなかりこうなやつ
(2)たかが鳥
(3)あの残雪
(4)あの残雪め
(5)ガンの英雄
(6)えらぶつ

説明 **そうですね。一日目は「たかが鳥」と見下しています。**

発問 **では二日目の「あの残雪」のことをどう思っていますか？**

子「感嘆している」　子「感心している」　子「ほめている」

板書します。

ここで第一場面の主発問を投げかけます。

主発問 **では聞きます。大造じいさんは残雪のことを、どの文まで見下げてバカにしていて、どの文から感心していますか？　その転換点に線を引きましょう。**

教科書の文と文の間に線を引かせます。子どもは熱中します。思考が一気に収束していくからです。たくさんの選択肢から一つに絞り込むわけです。教科書とのにらめっこが始まります。

なぜ熱中するのか、ポイントは二つあります。

板書

大造じいさんの残雪に対する思いの変化
「たかが鳥」＝見下している
↓
「あの残雪」＝感嘆。感心している。

■なぜこの発問と活動に熱中するのか～熱中授業のための二つのポイント～

ポイント1　「一つ選ぶ」という、わかりやすい課題

一つ目は、どの子も意見をもつことのできるシンプルでわかりやすい課題であること。大造じいさんが残雪のことを途中まで見下していて、途中から感心していることはどの子も理解できます。さらに、具体的にどこで切り替わったのか、それを探すという課題はどの子にも取り組みやすいといえるでしょう。

ポイント2　理由を見つけるために、教科書を繰り返し読む

二つ目は、自分の考えの根拠を得るために、教科書を読み返さざるを得ない発問であること。「文と文の間に線を引きなさい」と指示しました。どこか一か所を探して線を引くわけです。一つを選ぶということは、他を選ばないということです。一つに絞り込むために、他を捨てるわけです。取捨選択にはおのずと理由が伴います。そのため、教科書を何度も読み返しますし、「だから、ここ！」と根拠をもつことができるわけです。

読む範囲は二ページなので、三〜四分間取れば十分でしょう。

■本文の拡大コピー掲示による確認

ここで教科書の本文のコピー（「たかが鳥」のページから「感嘆」まで）を拡大した紙を黒板に貼ります。これまでと少し展開の仕方を変えて、まずどこに線を引いたのか全員に聞きます。

どこに線を引いたのか全体で共有する方法を三つ紹介します。

方法①　意思表明方式

先生が拡大紙の「たかが鳥」以降の文と文の間をマジックで示していき、「ここに引いた人？」「じゃあここは？」と次々に聞き、印を付けていく方法です。

方法②　全員起立→着席方式

全員が起立し、一人ずつ「〜と〜の間です」と発表し、同じ意見だったら着席していくという方法です。

方法③　挙手指名方式

挙手指名でどこに引いたのかを発表させ、「他はどうですか？」と次々に発表させ、印を付けていくというやり方です。

どれでもかまいません。いずれにせよ、全員の引いた箇所がもれなく拡大紙に記されていればいいのです。線の印には、順番にＡＢＣＤＥＦＧ……とその数だけ記号を振っていきます。いちいち「～の文と～の文の間は……」と言うと話合いのときに不便だからです。

思考の拡散状態

この時点で学級全体の思考の流れは拡散状態になっています。一人で探していたときの思考は収束していましたが、その収束した答えがおよそ三十人分黒板に散らばり広がっている状態だからです。これでさらに熱中していきます。

立ち歩いて自由に交流する

話合いの助走として次の活動を入れます。

指示　（拡大紙を指し）これを見て考えたこと、思ったこと、言いたいことはありませんか？　拡大紙に記されている線を見て自由に話し合ってみてください。もちろん話し合ってい

る最中に意見が変わってもかまいません。五分間ほど取ります。

拡大紙が話合いのいい材料になります。自由に移動しながら、好きな場所で好きなように交流します。

・黒板の周辺に集まる子たち（この子たちはうるさいが活気がある）。

・手元の教科書で話し合う子たち（この子たちは冷静で穏やかに思考する）。

・三、四人で床に胡坐をかいて話す子たち（このメンバーはマニアックな論理を展開する）。

■一人ひとりにアウトプットの機会を保障

思考が拡散されている状態なので、拡大紙についてあっちもこっちも突っ込みたいところがあるはずです。

自分と違う意見を見た瞬間、どの子にも「なんで？」、「どうして？」という疑問が生じます。自分の意見を言いたくなり、友達の意見を聞きたくなるのです。まずその欲求を解消させることが大切だと考えます。

つまり一人ひとりにアウトプットの機会を保障したいのです。一人ひとりが、意見を伝え合う経験をもつことでコミュニケーションすることに慣れ、話し方・聞き方の技術が身に付き、伝え合う楽しさを味わいます。そしてこのプロセスが子どもたちをどんどん熱中させていきます。

授業展開を変えた理由～話合いをよりダイナミックに～

今回は、これまでと発問後の授業展開が違います。

【これまで】

①発問
↓
②個人学習（ノートに考えを書く）
↓
③ペアやグループで話し合う
↓
④全体発表　指名なし発言か挙手指名して板書

【今回】

①発問
↓
②個人学習（教科書に線を引く）
↓
③全員が発表し拡大紙にラインを引く
↓
④拡大紙を見ながら自由に立ち歩いて話し合う
↓
⑤全体発表　指名なし発言か挙手指名して板書

これまでは、個人学習のあとペアトーク、グループトークを入れていました。しかし、今回は自由に立ち歩いて話し合っています。

なぜ展開の仕方を変えたのでしょうか。

今回は、「見下げる状態から感心する状態へ切り替わる点はどこか」という平易な発問で、「どこかに線を引く」という平易な課題です。しかも範囲は二ページです。そのため、考えをもつのが苦手だったり、話し合うことが苦手だったりする子でも自信をもって参加できます。

まずはダイナミックに自由に話をさせたかったのです。ペアやグループを先に入れてしまうと、友達の意見に左右されてしまい、黒板に出される意見の数が減ってしまいます。だから、先に全員で自由に立ち歩き、意見を言ったり、聴いたりしてほしかったのです。

また、今回は本文の拡大コピーがあります。自分がどの部分に線を引き、友達がどこに線を引いているか視覚的にパッとわかります。これを活用しない手はありません。

今回はいきなり自由に話し合う方が、子どもが熱中すると直感的に考えたのです。

■意見交流をやめる合図を決めておく

ここで授業が終わるはずです。進め方によりますが、三十五分から四十分は経っているはずです。そのため、この続きを宿題にし、それをもとに次回の授業をすることにします。

子どもたちが相談している最中、特に話合いの前半に指示をします。

指示 **みなさん、聴いてください。**

ここでは「みなさん、聴いてください」と書きましたが、話合いを途中で止める合図を子どもと決めておくと便利です。

たとえば、先生が手を挙げたら「静かにして」の合図だから、それに気づいた人からどんどん手を挙げて静かにするよう周りの人に知らせていきます。事前に、二、三回練習しておくと確実です。こうすれば声を張り上げなくても済みますし、話に夢中になっていて聞こえない子がいても友達が教えてくれます。手を置かせ、身体をこちらに向かせ、必ず全員に聞かせるようにします。指示は全員に確実に伝えることが大切です。

■指示を全員に確実に伝える二つの理由

一つ目は全員に確実に伝えることで、ねらいに向けてスムーズに授業を進めていくことができるからです。聴いていなかった子が「そんなの知らない」と質問しに来て混乱する事態が起きたり、そのような子たちを叱って授業時間が削れたり、子どもも先生もストレスを感じたりすることがなくなります。

もう一つはヒドゥンカリキュラム注を排除するためです。聴いていない子がいる状態で先生が話し続けると、子どもたちには、「先生が話しているときに、私たちはしゃべっていても問題ないんだ。別に全員がしっかりと聞く必要はないんだ」というメッセージが伝わってしまいます。なぜなら、数名の子が話を聞いていないにもかかわらず、先生はそれを無自覚に「よし」として話し続けているからです。極力、ヒドゥンカリキュラムは排除する必要があります。

注
「ヒドゥンカリキュラム」…先生が意図していることとは別のことを子どもたちが学んでしまう現象。

■まとめと宿題

さて、授業に戻ります。せっかく話し合っていたにもかかわらず、聴いてくれていることに対して一言御礼を述べてから指示します。

指示 **話合い中ごめんね。静かに聞いてくれて、ありがとう。さて、あと十分で授業が終わ**

ります。

次回の授業では、この課題について全体で話合いをします。そのために、ノートに意見を書いてくるのが今日の宿題です。

具体的には、自分がそこを選んだ理由、友達の意見への反対意見です。意見が変わった人は、「最初はここでした。しかし、〇〇さんの意見を聞いて、～に意見を変えました。なぜなら～」というように書けばいいでしょう。なので、今話し合っている意見がとても貴重になりますね。

書く材料として、そして明日話し合う材料として、大切に書き留めておいてください。このことを意識して話合いの続きをしてください。今日の最後の五分間くらいは、各自で書く時間を確保します。その時間に今の話合いの内容を各自でまとめるといいでしょう。では話合いはあと二、三分です。続けてください。

自由に立ち歩いて話合いをしてから三、四分間経ってから指示するので、私の指示の内容の意味がよくわかるはずです。授業の最後は、指示したように話し合ったことをノートにまとめる時間です。

■授業時間が足りなかった場合

主発問は授業中にします。残りを宿題にします。宿題は教科書の文と文の間に線を引いてくることとその理由を書いてくることです。そして次の授業の冒頭で、全員がどこに線を引いたのか拡大紙に印を付けます。あとは先ほどの授業展開の通りに進めていきます。

第3時

■ノートの回収とチェック時の声かけ

さて翌日です。朝一番で、ノートを回収します。私の場合は、朝教室に来た子からどんどんノートを持ってこさせます。宿題で書いたページを開いた状態で提出させます。専科などの空き時間があれば、その時間に見ます。時間がなければ子どもがノートを見せに来るときに、ざっと目を通し、子どもに到達度に応じて声をかけていきます。時間が無いので一言です。

教師「いいね！　たくさん書いているね～」「だいぶ書けるようになってきたね。すごい」

「わかるわかる。この意見わかるなあ」

「そうだろ？　だったらさ、この部分についてはどう批判する？」

「おお！　よく気付いたね！　発表するといい」「鋭い！」

子「どの部分がですか？」

教師「それは秘密！」

子「ええ～っ!?」

■ノートチェックの二つの目的

① 関係づくり

ここから先は裏ワザなのですが、私のノートチェックの目的は二つあります。

一つは子どもとの関係づくりです。朝、一瞬でも一人ひとりと一対一になれるというのは担任として貴重です。表情を見ると、その子の調子がわかります。笑顔にさせられれば一番です。

② 子どもが発表したくなるかかわり方を

二つ目は発表できるよう自信を付けさせることです。特に、発表が苦手な子のやる気を引き出すことに注力します。宿題をやっているかどうか確認する意識はありません。

発表の苦手な子が鋭い意見、すばらしい意見を書いていたら、あるいは発表できる水準の内容が書けるようになってきたら、次のように発表を促します。

教師「いいね！　発表決定！」

子「ええっ、なんでですか？」（嫌そう）

教師「○○さんのこの超すばらしい発言によって、授業中みんながよく考えたり話し合ったりして、さらに賢くなるためだよ」

子「ええ～、緊張する。発表やだぁ」

教師「たまには、人類に貢献して！」

（高学年女子はたいてい複数名で行動しているので、隣にいる□□さんに聞こえるように○○さんが言う）

子「いえ、私よりも□□さんの意見の方がもっとすばらしいですよお」

教師「そうか。じゃあどちらを選ぶ。自分がほっとするために□□さんにその緊張感と不安感をなすり付けるか。自分の力で友達の学力を向上させ、日本社会の発展に貢献するか。どっちにするんだ？」

子「えっ。□□になすり付ける」

教師「ばかやろう！（笑）」

こんな感じで、笑いが起きればこちらのものです。

「先生と周りの子は、自分の味方だからとりあえず発表してみよう」という気持ちになります。ほとんどの場合は、発表したあと「気持ちがすっきりした」という感想をもちます。なので、とりあえず発表させて自信を付けさせる方が近道です。

私は発表させようと思い、これまであの手この手で試行錯誤してきました。ときに、無理やり発表させようとして、子どもを萎縮させてしまうことがありました。発表させることが目的化してしまったのです。

性格に応じて多少は対応を変えるものの、スッキリ、さっぱり、笑いが起こるように発表を促す方が効果的だということがわかりました。

■全体発表の場合の座席

さて第3時の授業開始です。まずは意見が変わった子がいるかどうか、前の時間に使った拡大紙をもとに全員で確認します。なくなった意見は二重線で消します。

　ここから全体発表です。席を中央に向けることもありますし、グループで話し合ったあとは班の形のまま全体発表をするときもあります。目的に応じて学習形態（座席の位置と向き）を変えます。

　板書とうまく連動して話合いをさせたい場合は、一斉指導の机の形の方が向いています。板書と関係なく話し合う場合は机を中央に向ければいいでしょう。今回の課題は、拡大紙をおおいに活用しています。そのため一斉指導の形で進めていきます。子どもたちも今回は一斉指導の形がいいと言っていました。

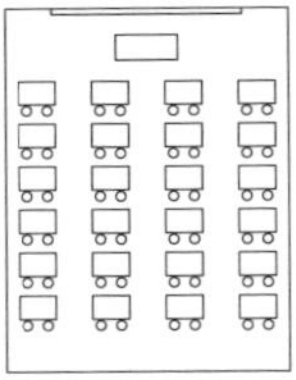

座席図
一斉指導の配置

■おかしいと思う意見をつぶしながら意見を絞り込んでいく～思考の収束～

　前の時間に自由に立ち歩いて話し合いました。学級集団の思考が一気に拡散しました。なので、子どもたちとしては思考を収束させたいところです。わかりやすくいうと「どれが正解か確かめたい」のです。

　というわけで、答えを絞り込んでいく発問をします。すなわち、おかしな意見をつぶしていくことによって、正解にたどり着いていく方法を取ります。これだけはどう考えてもおかしいという意見からつぶすということを事前に説明しておくといいかもしれません。

説明　**まずこれは最もおかしいというものからつぶしていくと整理しやすいかもしれません。**

発問　**これらの記号の中で、これはおかしいというのはどれですか。見下げてバカにしていた状態から感心するようになった瞬間はここではない、と考えられる記号はどれでしょうか？**

■発言の形式〜指名なし発言？　挙手指名発言？〜

ここで誰が発表するかですが、私は基本は指名なし発言といって、先生が指名せず発表したい子が起立して発言するという形をとることが多いです。

指名なし発言のよさは、話合いのテンポがよくなることです。挙手指名発表だと一回一回先生が指名する必要があるので、「はい、〇〇さん」、「今の意見に対してはどうかな？　▽▽さん」というように話合いに介入することになります。話合いの流れがブツッと切れてしまうことがあります。

また、私の場合ですが、挙手指名発表よりも指名なし発表の方が、発表の要旨を考えながら聴くことができるので板書しやすいのです。ただし指名なし発言では発表者が偏ることもあるので、目的に応じて挙手指名とうまく組み合わせています。

一つ一つの意見を丁寧に確認したり、整理したりするときには挙手指名が有効です。目的に応じて使い分けることが大切です。

今回は指名なし発言で進めていきます。

ノートチェックの際に鋭い意見（話合いを活性化させるであろう意見）を誰が書いているか先生が把握している場合には、途中からその子を指名し発言させます。

「いったい、どうしたというのでしょう。」以前

まずつぶれるのが、本文の「いったい、どうしたというのでしょう。」以前の箇所です。

「ぼくは『いったい、どうしたというのでしょう。』という文の直後に、大造じいさんの気持ちが見下している状態から感心している状態に変わっていったというのはおかしいと考えます。なぜなら、『いったい、どうしたというのでしょう。』というのは話者が語っていることですが、大造じいさんにとっても同じことで、一羽も針にかかっていないことはわかっていますが、その原因はわかっていません。だから、この時点で感心するというのはありえないというか、早い気がします。ここまで、どうでしょうか?」

（そうそう）（同じ）（ああ、そうか）

「続けていいですか？ということは、同じ理由で『いったい、どうしたというのでしょう。』より前の箇所はすべて間違っているといえます。これまでの意見は消してしまってもよいでしょうか?」

（はい。オーケーです）

「大造じいさんは、思わず感嘆の声をもらしてしまいました。」のあと

今度は別の子が発言をします。

「○○くんの意見につながるのですが、私は『大造じいさんは、思わず感嘆の声をもらして

しまいました。』という文のあとに感心した状態に切り替わったというのはおかしいと考えます。ここは大造じいさんの気持ちの転換点としては少し遅いと思います。話者が『思わず感嘆の声をもらしてしまいました。』と大造じいさんの行動を説明しているときにはすでに、大造じいさんは感心しています。だから、大造じいさんの気持ちの転換点はこの時点よりも前だといえます。どうですか?」

（いいと思います）（その通り！）

■「気をつけて見ると、つりばりの糸が、みなぴいんと引きのばされています。」のあと

残る選択肢は四つです。

次に正解から遠いのは、「気をつけて見ると、つりばりの糸が、みなぴいんと引きのばされています。」のあとです。「引きのばされている」ことはわかったのですが、なぜ引きのばされているかはまだわかっていません。よってここも消されます。

■「ううむ。」のあと

残りは三つです。このあたりから、正解に対して「これはおかしい」と発言する子が出てきます。それを聞き「えっ」という空気を出す子たちがいます。反対に、その子の意見を支持す

る子も出てきます。これが指名なし発言のおもしろいところです。たいていの場合はああだこうだ意見が出た挙句、正解にたどり着きます。ここではそのようなイレギュラーではなく、順当にいった場合の例を記します。

三つのうちCの「ううむ。」のあとがつぶれます。なぜかというと、もしも「残雪に対して感心する思いが最も強くなったのはどこですか？ 感嘆の思いが最高潮に達した瞬間です。それはどこですか？」という発問であればここが正解です。しかし、今回は転換点を問うています。最高潮ではありません。ですから、ここは正解ではありません。

■A「ガンは、昨日の失敗にこりて…（中略）…いじょうなしとみとめると、初めて飲みこんだものらしいのです。」のあと

■B「これも、あの残雪が、仲間を指導してやったにちがいありません。」のあと

さて残るは二つです。

合意形成しながら進めているので学級の全員の子どもたちが、二つの意見のどちらかに属すことになります。まず、どちらの意見を支持するか挙手で確認したいところです。およそ半々に分かれるはずです。原則でも述べた通り熱中する発問は意見が真っ二つに分かれます。ここがおもしろいところです。

■微細な違いを説明できる力

実はAとBはあまり相違なく、両方正解と言ってもいいと思います。違いはとても微細な点です。そのため、こんなことを子どもに議論させて意味があるのかという意見があるかもしれません。

私は意味があると考えています。一人ひとりが微細な違いについて意見をもち、それを説明する力を身に付けることがこの学習のねらいです。どちらが転換点と言えるのか、その理由はなぜか、場面の様子を想像し分析し、それを言語化して他者に伝えるには相当な論理的思考を要します。

友達の意見を聞いて「なるほど、そうか」と新しい考えを知って納得したり、「いや、それは違うでしょう。だって……」とさらに思考して反論したりする学習を通して、論理的な思考力を鍛えることができると考えています。

■挙手しながら状況を確認→指名なし発言で話合い

さて授業に戻ります。全員にどちらの立場か挙手させるときに、周りを見るように伝えます。そうすると、自分と同じ意見の子が半数、違う意見の子が半数いることに気付きます。この時点で活発な子たちは「おおっ！」とやる気がみなぎります。静かな子たちも仲良しの子と違う場合には「えっ？　なんで？」と顔を見て笑っています。

このあとは、指名なし発言でそれぞれ意見を言い合っていきます。

Aを選んだ理由、Bを選んだ理由をそれぞれ列挙していきます。先生はそれを拡大紙に書き込むか板書します。ここは子どもに任せてある程度自由に発表させてしまっていいと思います。決定的な意見が出て全体が納得すればこの議論は終了します。

補助発問～もしも意見が煮詰まっていたら～

補助発問 **感嘆したのはどうして？　感嘆するきっかけは何？**

これに対する回答が答えということになります。

少しずつ子どもたちは大造じいさんとガンの世界に入りこんでいます。

筆者の解はA

子どもたちの議論が終わったあと、言うか言わないかは別として、先生自身が自分の解をしっかりともっていることは大事なことです。

ABの文は両方とも語っているのは話者ですが、視点は大造じいさんの中に入っています。Aの方は、ガンが一羽もかかっていない原因を調べ、分析しています。Bの方はその分析をふまえて残雪の指導に違いないと考え判断しています。

ではどちらの方が、見下している状態から感心する状態への転換点と言えるでしょうか。

私はAだと考えます。なぜかというと、Aの文の、ガンが一羽もかかっていない原因を分析している最中に大造じいさんは「これは残雪のしわざにちがいない」と判断していたはずだからです。Bの文は、大造じいさんの分析結果からくるその判断を話者が読者に向けて語っているに過ぎません。ほぼ同時なのですが、Aの方が時間的に少し早く感心していると言えます。だから私はAだと考えます。

教師は発問に対する解をあらかじめもっておく＝教材研究で「座標軸」づくり

繰り返しになりますが、授業に臨む前、先生は発問に対する自分の解をあらかじめもっておく必要があります。授業者として大事なのは、授業を展開する力だけでなく、授業を準備する力、すなわち教材研究力（単元構想、授業づくり）を涵養することです。

三七ページで述べたように、自分の発問に自分で答えるというシミュレーションをしておくことで、ゆとりをもって授業を展開できます。子どもの発言がほとんど想定内になるからです。自分が頭の中で作り上げた「大造じいさんとガン」マップという座標軸に、子どもの意見を位置づけることができます。ある子の発言にピピッと座標軸が反応します。すると、その意見を取り上げて、どんどん議論を深めていくことができます。その意見について掘り下げることで、子どもの思考が活性化していきます。

先生の中に座標軸がないと、その意見はスルーされていきます。せっかく熱中する授業のための宝物が目の前にあるのに、それをみすみす先生自らが捨ててしまうことになるのです。

第4時

ねらい
○第一場面の「ううむ。」と言ったときと第二場面の「ううん。」と言ったときの残雪に対する大造じいさんの思いについて考え、意見を交流し自分の考えを深める。

■時間の配分

「第4時」と書きましたが、実際に第3時が早く終わってしまったら、第3時の授業中に第4時の内容に入ってもいいと私は考えています。反対も然りです。

子どもの発言の量、考えの広がりや深まりに応じて時間は臨機応変に変えます。「授業の一単位時間は四十五分間と決まっているから、必ずこの時間に始めて、この時間に終わらせる」ということを最大の目的にしてしまうと、伝えたいことが伝えられない状態、学ぶべきことが学べていない状態、深めるべきことが、深まっていない状態にもかかわらず、次の授業に移行するという実にもったいないことになります。

経験を積んでいくと、授業中に「ここはもっと深めたい」「ここを掘り下げていったら、さらに子どもの思考は鍛えられる」「子どもたちはもっと突っ込んで話したいところだろうな」と直感的に気付くようになってきます。知性的な議論の楽しさ、熱中して思考する喜びを子どもが体感している様子がわかるようになります。子どもからも「次の社会の授業は休みにして、この続きやろうよ」「休み時間なしで話し合おうよ」という発言が出るようになってきます。

もちろん、授業の構成については緻密にシミュレーションしておくに越したことはありませんが、授業で実際に使うか使わないかは別としても、あらゆる角度から自分の授業に突っ込みを入れ、ダメ出しをし、代案を用意しておくことが授業力を高める道です。

■全員が挙手せざるを得ない状況をつくる

さて授業です。場面の展開を追っていきます。主発問に向けて助走段階です。簡単な発問をテンポよくしていきます。一問一答形式で進めます。

発問 **何年間経ちましたか?**

子「一年間」

発問 **大造じいさんが、今年の作戦のために、用意したものは何ですか? ノートに三つ書きましょう。**

「その翌年も……」という表現からわかります。

挙手指名で一人に三つとも答えさせます。先生は板書していきます。

板書

一回目の作戦から一年後
大造じいさんが二年目の作戦で用意したもの
①たにし
②小屋
③猟銃

発問 **大造じいさんの今年にかける強い意気込みを表す箇所があります。それはどこです**

か？　教科書に線を引きましょう。

①「夏のうちから心がけて……」

②「今年こそは、目にもの見せてくれるぞ。」

これも挙手指名です。これ以外にも意見が出た場合、先生が判断して大きく外れていない場合は「なるほど」と受け止めてあげればいいと思います。

発問　**たにしはおよそ何か月間かけて集めましたか？**

ずばりノートに書きます。一分ほど時間を取ります。指名発表です。

子「四か月から五か月」

発問　**どうして四、五か月かわかる人？**

挙手させます。

発問　**どうしてか、実をいうとわからない人？**

挙手させます。「わからない人？」と聞くのは、全員を授業に参加させるための手立てです。簡単な質問が続き、油断しかけている子が出そうなときに、全員が挙手せざるを得ない発問をすることで少し緊張感をもたせます。どちらか選んで手を挙げさせる意図はここにあります。

板書

一回目の作戦から一年後
大造じいさんが二年目の作戦で用意したもの
①たにし
↓〇か月かけて集めた
②小屋
③猟銃

■意図的に動の活動を入れる

指示　**近くに、実はわからない人がいましたね。その人たちにわかる人は教えてあげてください。時間は一分。グループでどうぞ！**

これも集中させるための工夫です。テンポをよくしても、少しだれそうなときは、意図的に動の活動を組み込みます。

これまでの流れは先生と子どもの一人対三十人の一問一答型でした。読んだり、書いたりするものの、多くの子は黙ったままです。静の活動です。そのため少し疲れます。そこで、全員がアウトプットできる時間を確保します。静の活動のあとに動の活動がポッと入るので、活発に教え合います。「どうして四、五か月か」に対する答えを全員が理解できるはずです。

■手が挙がらないときの対応法

発問 どうして四、五か月か説明できる人？

また聞きます。これで全員の手が挙がれば、指名発表で次に行きます。しかし、場合によっては手が挙がらないことがあります。そんなときの対応はさまざまありますが、ここではいくつか紹介します。

指示A あっ、手が挙がらなかった人たちがいる！　班で反乱が起こったみたいだ！（別の班の）○○くん、□□くん、いけー？　攻撃だ？　あ、じゃなくて、説明してあげてください。

指示B あれ？　○班というかそこのグループは手が挙がっていない。ちょっとそこの船は沈没しかかっているのかな？（先生、だってこいつ、話を聴こうとしないんだもん！）仲間割れは、いいから！　はい、○班の沈みそうなこの船を救助できる班はいますか？　助けてあげて。

指示C あちゃー、時間足りなかったかな。オーケーです。だったら先生が質問したい。残雪が来るのは、どの季節ですか？（秋）そうでしょう。で、いつから集めたの？（夏）夏

から集めて秋に置いた。もう算数じゃん！

どんな方法でもいいです。大造じいさんの今年にかける意気込み、すなわち長期間かけて集めたことがわかればいいのです。

「五俵」から大造じいさんの本気度を理解させる

発問 **五俵の意味がわかる人？　辞書で調べた人？　もとから知っていた人？　すばらしいですねぇ。きちんと学習していますねぇ。**

この流れで、「五俵」へと話題を移します。ここで先生がすべき質問はもうわかりますね。そうです。辞書で調べた子を確認するのです。調べたことをしっかり承認してから意味を発表させます。とてつもない量を集めた大造じいさんの本気の思いを共通理解します。

板書

同じ
違う

第4時　主発問

さていよいよ主発問です。ここまで十五分くらいでしょうか。板書します。

発問 **第一場面の「ううむ。」と言ったときと、第二場面の「ううん。」と言ったとき、残雪に対する大造じいさんの思いは同じですか？　それとも違いますか？**

同じか違うかの二択です。なので、まずはどちらか自分の立場を決めます。現時点で自分が考える方に手を挙げます。

これは「違う」と答える子の方が多いはずです。しかし頭を使うのはここからです。

物語文指導の役割

指示　なるほど。違うと考える人が多いようですね。では、どの部分から違うと判断したのですか？　どうして違うと考えるのですか？　選んだ理由を書きましょう。

子どもは「同じか、違うか」と問われると多分違うと思うのですが、それがどうしてなのか、どこからそう言えるのかということを深く考えていません。だから発問して子どもに考えさせるのです。

私はこれが国語科における物語文指導の役割だと考えています。普段の読書では、そんな細かなことを考えずに読んでいるでしょうし、それでかまわないと思います。

ではなぜ国語科の授業で物語文を指導するのかというと、物語文を土台（材料）にして思考する力、言葉で表現したり伝え合ったりする力を育てるためです。そのために通常の読書では気付かないであろう点について教師が問いを投げかけるのです。

「書けな〜い」という子への指導

さて発問後の展開です。

子どもはノートに意見を書いていきます。しかしなかには「先生、なんて書いたらいいのかわからない」と言う子がいます。このあとどのような指導をしたらいいでしょうか。

■子どもの考えの引き出し方

子どもによって書く力が違います。スラスラ書ける子も入れば、そうでない子もいます。そのため、ここでは考えの引き出し方を紹介します。

今回扱うのは、「第一場面で『ううむ。』と言ったときと、『ううん。』と言ったとき、残雪に対する大造じいさんの思いは同じか違うか」という課題です。つまり、違いを比べるので、対比です。対比で書く方法を二つ紹介します。

■対比で書く方法①頭括型

一つ目はシンプルな頭括型です。

上の図のように、書き方を示すことで、書けない子がだいぶ書けるようになります。ABCをふまえて書くと次のようになります。

――A第一場面の「ううむ。」と言ったときと、第二場面の「ううん。」と言ったとき、残雪に対する大造じいさんの思いは違う。

B第一場面では、「感嘆」している。「感嘆」するということは上から目線で残雪を見ていたということになる。感心してほめることができたということは、心に余裕があったということ

板書

頭括型
A　結論（同じ・ちがう）
B　第一場面では～。
C　（しかし）第二場面では～。

を意味する。切羽詰まった場合は人間は感嘆することなどできない。

Cしかし、第二場面では「うなってしま」った。「うなる」を辞書で調べると「苦しい声」とある。大造じいさんに苦しい声を出させたのは誰か。残雪である。大造じいさんにとって残雪は苦しい声を出させるほどの存在になった。もはや大造じいさんの心に余裕はない。

つまり大造じいさんにとって残雪は見下す対象から、脅威、ライバルになったといえる。――

板書

双括型
A　結論（同じ・違う）
B　「ううむ。」と言ったとき大造じいさんは～。
C　なぜなら～からだ。
D　「ううん。」と言ったとき大造じいさんは～。
E　なぜなら～からだ。
F　結論だから～。

対比で書く方法②双括型

二つ目は、もう少し長くなります

「ううむ。」と言った理由、「ううん。」と言った理由を明確に書くことを要求する書き方です。上の図のA～Fをふまえて書くと次のようになります。

――A第一場面の「ううむ。」と言ったときと、第二場面の「ううん。」と言ったとき、残雪に対する大造じいさんの思いは違う。

B「ううむ。」と言ったとき、大造じいさんは感嘆している。

Cなぜなら、第一場面では最初はバカにしていたけど、意外と賢いことがわかったからだ。あと、とれると思っていたのにとれなかったから、感心したのだと考える。

D「ううん。」と言ったとき大造じいさんは、うなっている。苦しい声を出してしまうほど、残雪のことを手ごわい、賢すぎる、あるいは強敵だと思っている。

Eなぜなら、夏のうちからたにしを五俵集めるという途方もない苦労をしていたし、「今年こそ」というほど意気込んでいたにもかかわらず、残雪のために一羽もとることができなかったからだ。

Fだから第一場面の「ううむ。」と言ったときと、第二場面の「ううん。」と言ったときでは、残雪に対する大造じいさんの思いは違うと考える。——

■双括型の書き方　指導ポイント

Aは結論なので簡単ですね。

Bについてです。

第一場面で大造じいさんは「ううむ。」と言いました。そのときの大造じいさんの気持ちをまずは箇条書きしてみます。ここはブレーンストーミングのようにどんどん思い付いたことを書き出します。あるいは発言させます。思考の拡散場面です。

すると次の四つの意見が出たとします。

①残雪はすごい　　②感嘆＝感心している

③悔しい　　④甘く見ていたけど、あいつなかなかやるな

次は、これら四つを整理します。同じような言葉は一つにまとめていきます。思考を収束させていく場面です。

①の残雪はすごい、②感嘆＝感心している、④甘く見ていたけど、あいつなかなかやるな、

の三つの意見は一緒にしてもよさそうです。そして一緒にするときには、どれが最も抽象性の高い言葉かを吟味して言葉を決めます。三つの言葉の意味をうまく包含する言葉を見つけるのです。そうなると②の感嘆＝感心しているという言葉が最も適していることがわかります。

今度は、その「感嘆」と③の悔しいを比べます。「ううむ。」と言ったときの大造じいさんの気持ちをより適切に表しているのはどちらかという基準で比べます。そうなると、悔しいというよりも、「感嘆」の方がピッタリきます。そこで「感嘆」に決まります。

次にCです。どうしてBのように言えるのか、という理由付けの部分です。本文から根拠を探して書きます。

まず、どうして感嘆したのかを考えます。これは前の時間に詳しく学習したのですぐに理由が見つかるはずですが、なかなかわからない子には教科書に線を引かせていきます。

すると見つかるのが、「ガンとかカモとかいう鳥は、鳥類の中で、あまりりこうなほうではないといわれていますが、どうしてなかなか、あの小さい頭の中に、たいしたちえをもっているものだなということを、今さらのように感じたのでありました。」という箇所です。つまり、最初はバカにしていた面があるけれども、意外と賢かったということに気付いたのです。

必要であれば補助発問します。

補助発問　大造じいさんは第一場面ではとれる自信があったのですか？　それとも自信がなかったのですか？

子「あった」

これは、特別な方法で一羽とることができたり、「たかが鳥」と考えていたりするところからもわかります。大造じいさんは、最初自分はとれると思っていました。にもかかわらず、実はとることができなかったから残雪のことを感心したのだと言えます。

次にDです。Bと同じように進めていきます。

「広いぬま地の向こうをじっと見つめたまま、／『ううん。』／と、うなって」いたときの大造じいさんの気持ちを想像します。

ブレストで書き出します。次の意見が出たとします。

①またとれなかった　②悔しい　③うなる＝苦しい声　④やられた

四つの中でどれが最もピッタリくるか、どれがより強いのか考えます。

ここで注目すべきは、やはり教科書の本文の言葉です。四つの意見はどれも当たっているのですが、教科書に大造じいさんの気持ちを表すうえで大きなヒントとなりそうな「うなってしまいました。」という言葉があります。これを見逃すわけにはいけません。「またとれなかった」と思い「悔しい」気持ちでいるし「やられた」と思ったからこそ、大造じいさんは「うなってしま」うほど苦しい声を出さざるをえない状況になっていたのだと考えられます。そう思わせたのがあの残雪なのです。あくまでも発問は「残雪に対する思いは変わったのか?」なので、答えはそこからぶれないようにします。

Dができあがります。

次にEです。これもCと同じです。なぜなら～という理由を探して言います。これはこの授業で扱ったのですぐにわかります。

最後はFの結論です。

■双括型の書き方は教材研究時の参考に

授業中に、A～Fの過程すべてを指導する必要はありません。A～Fの書き方のアウトラインを示すだけで、ずいぶんと書ける子が出てくるはずです。すべてやってしまうと、少しくどいです。集中が切れると思います。

机間指導をする中で、A～Fのどこかでつまずく子が出てきます。そんなときに、私が記した過程の一部を行うことによって、「なるほど」と思い書けるようになります。

また、授業で子どもに説明するためだけでなく、先生が事前の教材研究でA～Fのアウトラインに沿って書く経験をすると、授業中の子どもの気持ちがわかりますし、かなり具体的でわかりやすい説明ができるようになります。先生の中に実体験があるからです。

■全員がアウトプットして動の活動を

さて授業に戻ります。このような書き方指導をしながら、子どもの書く時間を待ちます。そして大方の子が第一場面、第二場面の大造じいさんの思いが書けたとします。

ここから、どう展開しますか。全体発表に入るか。グループで話し合うか。自由に立ち歩いて話し合うか。

まず全体発表に入る前に、全員にアウトプットさせたいです。静の時間が長く続いたので動の活動を取り入れます。

もう一つの目的は、なかなか書けなかった子、モヤモヤしながら書いた子が友達の意見を聴くことによって「ああ、そうか、そういうことか」とわかったり、「よかった。同じ考えの子がいた」と安心したりできることです。

グループか自由に立ち歩いて話し合うか迷いますが、グループでいいと思います。この辺は直感です。三、四分でいいでしょう。

次に全体で指名なし発表です。先生は図のように板書していきます。

この時点では学級集団の思考は拡散状態です。「なるほど、こういうふうな違いが第一と第二場面には、あることがわかったね。みなさんの意見は、とてもすばらしいですね」と終わってもいいのですが、せっかくなので深めたいと思います。

板書

第一場面での大造じいさんの思いとその理由（具体的に入れる）

第二場面での大造じいさんの思いとその理由（具体的に入れる）

抽象化の思考法～残雪はどんな存在からどんな存在へと変化した？～

思考が拡散しているので、それを収束に向けていくことでさらに熱中します。

意見を抽象化させてみます。たくさん言葉が並んでいる状態から、それらを一言でまとめるとすると、どんな言葉になるかという抽象化の思考法は指導しておきたいところです。

発問 第一場面と第二場面ではこのような違いがあることがわかりました。では、大造じいさんにとって、残雪はどんな存在からどんな存在へと変わっていったといえるでしょうか？

指示 「第一場面では～存在だった。しかし、第二場面では～存在になっていった」とざっくり一言でまとめてみましょう。

この収束の話合いは熱中します。どんな言葉が最も適当か。学級で話し合って決めたいところです。

指示 **まずは第一場面の大造じいさんにとって残雪はどんな存在かを一言で表します。**

ここで再び思考は拡散していきます。

指示 **第一場面が書けた人は、第二場面も一言で表します。迷った人は二つ、あるいは三つまで書いてもよいです。**

思考はどんどん拡散していきます。ここで拡散は最大限になります。

板書

第一場面
・見下している存在
・馬鹿にしている存在
・勝てると思っている存在
・たいしたことない存在
・・・・・

第二場面
・ライバルという存在
・脅威としての存在
・手ごわい存在
・本気にさせる存在
・・・・・

全体発表で思考の活性化

全体発表です。今回はペア、グループ、自由に立ち歩いて相談は不要です。黒板全体にたくさんの意見が出た方が全体で吟味でき、思考は活性化します。

まず第一場面の意見をすべて発言させます。先生は黒板の上段に板書します。次に第二場面の意見です。下段に板書します。どれが最もふさわしいかを決めていきます。ここまでくれば、もう授業は安定していますし、子どもたちは熱中しているので「第一場面はこれ。第二場面はこれ」というように決まっていくはずです。

仮に意見が煮詰まってきたら、この場合に限り多数決で調査します。一人二つ（三つ）まで手を挙げていいというルールにすると、迷っている子が選びやすくなりますし、決まったあとの不満感が少なくなります。最後に先生がフォローすれば十分です。

第5時

ねらい
○第三場面において、残雪に対する大造じいさんの思いが最も大きく変化したと考える一文を探し、その理由を書き、意見を交流することを通し自分の考えを深める。

■クライマックスの展開方法

いよいよ子どもが最も熱中する第三場面に入りました。いわゆるクライマックスの場面です。クライマックスとは、中心人物の心情が最も大きく変化するところです。今回はそれを中心に検討していきます。

発問① **第三場面では最終的に、大造じいさんは残雪をしとめることができたのですか。**

子「できなかった」

発問② **どうして?**

子「ハヤブサが出てきたから」

説明 **第三場面の結果はわかったのですが、この単元の課題である大造じいさんの思いの変**

化、つまりどこで、どうして、そしてどのように「英ゆう」「えらぶつ」に変わっていったのか、まだ詳しく学習していません。そこで、第三場面をもう少し詳しく読んでいきましょう。

本来、発問①②は、後述する発問⑤のあとにすることが普通です。これまでは物語の流れに沿って発問してきました。しかし、あえて発問①②を冒頭にもっていくことで、第三場面の全体像を確認できます。最初に第三場面の結末から問いかけ、あとから第三場面の流れを確認します。

もしも、①の発問を冒頭にせず、これまでのように時間順に発問したら次のようになります。

発問 **新しく登場してきたものがいます。誰ですか?**

子「ハヤブサ」

発問 **ハヤブサは、何をしにやってきたのですか?**

子「ガンを襲いにきた」

そして発問③に続くという形になるのですが、いつも同じような順番で発問していくと、授業展開の仕方に飽きてくる子どもが出てきます。頭の回転の速い子にとってはじれったいのです。たった少しの変化が子どもの集中を高めます。

発問 **「ぬま地にガンの来る季節になりました。」とありますが、その季節はいつですか?**

子「秋」

発問 **今年の作戦の準備の様子について具体的に書かれている一文はどれですか?**

子「その夜のうちに、飼いならしたガンを例のえさ場に放ち、昨年建てた小屋の中にもぐりこんで、ガンの群れを待つことにしました。」

板書

呼び方の変化
(1)なかなかりこうなやつ
(2)たかが鳥
(3)あの残雪
(4)あの残雪め
(5)ガンの英雄
(6)えらぶつ

発問 残雪に憎しみを込めていることがわかる一文はどれですか？

子「『さあ、今日こそ、あの残雪めにひとあわふかせてやるぞ。』」

指示 ここでまた一番初めの授業でやった、大造じいさんの残雪に対する呼び方がどう変わっていったのかを見ていきましょう。

発問 第三場面では、残雪に対してどんな呼び方をしていますか？

子「あの残雪め」

発問 ではガンの英雄、えらぶつという呼び方は、何場面ですか？

子「第四場面」

説明 ということは、第四場面では呼び方がすでに変化しているわけだから、第三場面で大造じいさんに何かが起きたわけですね。ではこの問題を考えていきましょう。

この流れで主発問に入ります。ここまではサクサク進めていきます。主発問にたくさんの時間をかけたいからです。

説明 物語の主人公の気持ちが大きく変わるところをクライマックスと言います。この物語の主人公は大造じいさんです。

過去の他の実践には「中心人物」に関する議論がありましたが、今回の授業では深掘りしません。

あえて無言で板書し集中状態をつくる

発問の前のふり では質問です。

ここで無言になります。子どもたちを見渡したあと、子どもたちに背を向けて板書します。終始無言です。無言で書くからこそ、子どもたちが注目し、集中するのです。

場合によっては、クライマックスの説明も不要です。主発問を板書する際は（板書だけでなく資料提示の際も）先生が無言の方が、子どもは集中します。べらべらしゃべって子どもの注意を散漫にさせるのではなく、あえて間を取ることによって集中状態をつくるのです。

発問　残雪に対する大造じいさんの思いが最も大きく変化したことがわかる一文はどれですか。その一文を探しノートに書きましょう。

個人の静の活動です。静かに集中して本文を読み返し、クライマックスの一文を選びます。思考が収束します。熱中します。時間は四、五分間取ります。選べたら、物語の時間順に黒板に板書させていきます。

指示　○ページから選んだ人、起立。（数名立つ）

先生が教科書を音読します。一文ずつ、選んだ子がいるかどうか確認しながら読んでいきます。該当した箇所がある子が前に出て、自分の選んだ一文を板書します。同じ箇所の子が複数名いたら一人が代表して書きます。

指示　次、○ページの人？（数名立つ）

子どもがどんどん板書していきます。

この流れで全員の意見を黒板に板書します。さぁ、出そろいました。今学級集団の思考は思い切り拡散しています。私の学級ではA～Dの四つの意見が並びました。

板書された時点で、「ええ～」とか、「なんで？」とか、「あれは違うでしょ」とか、「お前の

板書

A「が、なんと思ったか、再びじゅうを下ろしてしまいました。」

B「残雪の目には、人間もハヤブサもありませんでした。」

C「ただ、救わねばならぬ仲間のすがたがあるだけでした。」

D「大造じいさんは、強く心を打たれて、ただの鳥に対しているような気がしませんでした。」

意見つぶしてやる！」とか、自分以外の意見への反応が出てきます。

三十人中、Aが十八名、次いでDが八名、Bが二名、Cが二名でした。

二種類の授業展開～定番型と特殊型～

この第三場面のクライマックスの検討は基本的にどんな授業展開をしても子どもは熱中します。それだけいい発問なのです。

ここでは「まずすべることはない」安定した定番の授業展開と、少し特殊な授業展開（「グループトーク短冊型」…子どもが思考したり表現したりした過程が全体発表の際に生かされる展開の仕方）の二種類をご紹介します。

定番の授業展開（議論を整理してから個人で考え全体発表へもっていく形式）

ここでまず行うべきことは、意見の整理です。四つの意見が出ています。この状態のまま話合いをしようとしてもうまくいきません。それぞれの肯定意見は飛び交いますが、自分の意見と友達の意見がかみ合わずに発表のし合いになってしまうのです。発言は多いけど、深まっていかない状態です。これは避けたいです。

「あれかこれか」の二項対立の状態をつくる必要があります。大きな変化という観点で見ると、BとCは消えていきます。A対Dにもっていき、それから深く話し合いたいところです。

次のように発問して意見を整理していきます。

発問 **この中で、これは違うのではないかという意見はありませんか？**

思考の収束です。どれがおかしいのかを選んでいる状態です。

子どもは自分以外の意見はうすうすおかしいと思っています。先の発問ですでに他の文を捨てて一文選んだわけですから。

今はその「うすうす」「ぼんやり」という感覚を言葉で表現する学習です。教科書から証拠を探して説明するのです。ノートにメモを書きたい子は書きます。

ここではペアトークかグループでの相談を入れるといいかもしれません。

指示 **全体発表の前に、二、三人でどれが違うか話し合ってみましょう。特にこれはないんじゃないかという文を見つける話合いです。**

次に全体発表なのですが、イレギュラーを避けるために、ここでも布石を打っておきます。

指示 **話し合った結果、どれが特にこれは違うかなという意見だったか教えてください。A～Dの記号一つに手を挙げます。**

こうすると、BかCに手が挙がることがほとんどです。

指示 **BとCが多いようですね（と白々しくつぶやいてから）。Bの意見が違うという人、どうしてでしょうか。どうぞ発表してください。**

こうすると、不自然さがありません。Bの意見に反対が多かったので理由を説明してくださ い、という流れになっているので、「きっと、先生の答えはAかDなんだ。そこに仕向けようとしてBとCをつぶそうとしてる」と子どもに疑われることはありません。

NGな流れ

発問後、すぐに全体で発表させてしまうと、次のような事態になる可能性があります。

教師「どれが違うでしょうか？　はい、〇〇さん」

子　「Aです。Aがおかしいと考えました」

教師「あっ……。A。Aがおかしいと考えたんだね……ええと、なるほど。どうしてかな……」

このあと、Aを支持する子たちがBCだけでなくDをも批判し始めたり、次にDの子たちもABCを批判し始めたりして、ぐちゃぐちゃになってしまいます。

イレギュラーが好きで、あえて不安定さを授業の中につくり出したいという先生はそれをすればいいと思います。しかし新卒の先生方を念頭に置いているので、イレギュラーの少ない定番型でいきます。

反対意見の発表

BとCに対する反対意見を発表します。指名なし発言でも、指名でもいいです。

B「残雪の目には、人間もハヤブサもありませんでした。」、C「ただ、救わねばならぬ仲間のすがたがあるだけでした。」の文は、話者が大造じいさんの視点に入り、そこから見えている光景を描写、説明しています。この二つの文には、残雪に対する大造じいさんの思いが最も大きく変化したかどうか、それがわかる手がかりはありません。

子どもたちの中からも、「BとCだと考えている人たちに聞きます。どうして、BCがクライマックスの一文と言えるのですか？」と質問が出てきます。

すると、BとCの子はあまりうまく答えることができません。せいぜい「大造じいさんが、残雪の姿に強く感動して、この文で気持ちが変化したと考えます」というのが精いっぱいです。この意見に対しても、他の子たちから反論が来そうですが、この段階になれば、先生は子どもたちに次の指示を出せます。

指示 **なるほど。BとCがおかしいか、おかしくないか結論は出ていませんが、それを探るためにはAとDの人の意見を聴くのも大事かもしれません。議論していく中で、BとCが正しいかもしれないし、AとDが正しいとなるかもわかりません。では、今からノートに意見を書く時間を取ります。これまでの話をふまえて、違う考えの人への反論、それから自分の考えを選んだ理由を書きます。時間は十分間取ります。**

自分の考えを書かせる指導法注 双括型の論理展開

ここで、自分の考えを書かせる指導法を紹介します。本来は単元に入るもっと前の時期に教えておくべき内容です。私は学期初めに指導します。

双括型の論理展開の方法です。次のように導入します。

説明 **書きたいことはいっぱいあるのに、どう書けばいいのかわからない。書き方がわからないから鉛筆が止まってしまうっていう人はいませんか。先生も子どもの頃そうでした。そこ**

注

「自分の考えを書かせる指導」は、冨山一美先生、宇佐美寛先生、石黒修先生、村野聡先生の指導法を活用させていただいております。

板書

論理的な文章の書き方の例
①結論　〇〇は～だと考える。～だ。
②理由　なぜなら（第一に）～から。
③引用　〇ページの〇行目に～とある。
④引用の解釈　～ということは～だ。（それは）つまり～ということである。
⑤仮定　もしも～なら～。
⑥逆接　しかし～。
⑦例示　例えば～。
⑧結論　だから～。

で書き方を知りたい人、もっと長く書けるようになりたい人はよ～く聞いておいてください。

文と文をつなげる方法がわからない人にもおすすめです。まずはたくさん書けるようになることが目的です。たくさん書けるようになると鋭い意見、説得力の高い意見も書けるようになってきます。メモしながら聞きます。

この通りに書く子もいますし、自分の考えを書き膨らませたいときに部分的に使う子もいます。「必ずこの通りに書きなさい」というものではなく、自分の考えをよりよく伝えられる型を示す意図で紹介します。

ただ、小学生の時期にいくつかの型を習得しておくと、後々になって役立つことがあります。大きくなってから、自分の書き方を選択していけばいいと考えています。まずはこの書き方を一つの型として書かせていきます。

量から質へ～文章力上達の秘訣～

伝わりやすい文章を書けるようになることが大きな目的ですが、もう一つ目的があります。それがたくさん書けるようになることです。長く書けることです。長くといっても、一文自体は、一文一義で短く書くように指導します。

なぜたくさん書かせたいのか。それは、量が質に転化していくからです。まずは量をたくさん書かせることが、鋭い意見を生んだり、説得力の高い考えを生んだりすることにつながります。中には、はじめから少ない量で無駄なく鋭い意見を書く子がいます。そういう言語のセンスが秀逸な子はいいのです。勝手に伸びていきますから。

普通の子には、まずは長く書けるようになることを指導した方がいいと考えます。そのあとで無駄をそぎ落としていけば、透徹した文章が書けるようになっていきます。書き続けていく中で、本人が「要点はこっちだな」「これはいらないな」と気付くようになっていきます。

■話合いが得意になるワザ～「だからその考えはおかしい（正しい）」という理由・証拠を教科書からできるだけたくさん集める！～

机間指導しながら、ある子のノートを見たときに「ああ、もったいない！」と思うことがあります。この子のノートには、「私はBは違うと考えます。なぜなら～からです。Cも違うと考えます。なぜなら～からです。Dも……。なぜなら～からです。Aが正しいと考えます。なぜなら～からです」というように、自分の意見を支える根拠があまりにも少ないのです。

結論＋理由一個、結論＋理由一個……その繰り返しです。

これでは、話合いの際に説得力が弱いのです。「この子ならもっと根拠を並べて、細かく、ねちねちと友達への批判、自分の肯定意見を書けるはずなのに」と思うのです。思考をもっと言語化できるよう促します。

指示 **話合いに強くなりたい人は「だからその意見は違っている」という証拠をたくさん教科書から探してみるのです。同時に「だから自分の意見の方が正しいんだ」という証拠をたくさん集めます。証拠、根拠は多いほど説得力が増します。一つだけでなく、どんどん探して書**

き出して、自分の論理を固めてみてください。

説明 証拠となる言葉が見つかったら、その言葉に対して自分の考えを書くのです。今度はそれを深めていきます。深めるというのは、「だからここが正しい」という一つの証拠(理由)について、しつこく、長く、詳しく書くことです。次の言葉をうまく使うと書きやすいかもしれません。

板書

A「が、なんと思ったか、再びじゅうを下ろしてしまいました。」

B「残雪の目には、人間もハヤブサもありませんでした。」

C「ただ、救わねばならぬ仲間のすがたがあるだけでした。」

D「大造じいさんは、強く心を打たれて、ただの鳥に対しているような気がしませんでした。」

考えを深めるための書き方

・〜ということは、〜〜。・〜と書いてあるので、〜ということになりますよね？
・もしも〜。・でも〜。・例えば〜。・〜を比べてみると〜。・だから〜。

ここは時間をたっぷりととっていい部分です。まずは、「ここだ！」と考える瞬間を本文から書きぬきます。例えば「残雪に対する大造じいさんの思いが最も大きく変化したことがわかる一文はAです」というように、結論から書かせます。

そして、そのあと「理由は二つあります。一つ目は〜」と理由を書いていきます。理由には、「だからAが正しい」という肯定意見、「だからDはおかしい」という否定意見を書きます。これらをしっかりと書くと十五分〜二十分間はかかるところです。

ここで時間がなければ続きは宿題にします。そして次の時間は、全体発表です。おそらくAとDを中心にした議論になるはずです。否定・肯定意見が出されます。先生は意見を板書していきます。話合いはかなり白熱するはずです。

しかし、途中で議論が煮詰まってしまったり、同じ意見の堂々巡りになってしまったりすることがあります。そこで、討論が膠着状態になったときの対処法を二つご紹介します。

討論で膠着状態になったときの二つの対処法～サンドイッチ方式と補助発問～

一つ目はサンドイッチ方式です。

①全体発表（行き詰まる）
②自由に立ち歩いて意見交流（A～Dのグループごとの作戦会議）
③ノートに意見を書き足す
④全体発表

①と④の全体発表の間に、②自由に意見交流、③ノートに意見を書き足す、という活動をサンドイッチのように挟むのです。議論が煮詰まったあとに入れることで、全体発表ではまだ出ていなかった意見、一人では気付かなかった視点、友達と話すことで新たな証拠が手に入ります。そうすると、二度目の全体発表ではさらに議論が活性化していきます。詳細は五〇～五三ページ。

補助発問による思考の活性化

補助発問は、討論、話合い活動の最中に、話合いが停滞したとき、話合いを再度活性化させるためのものです。話合いが煮詰まり、硬直状態になったときのタイミングで、話題に合った補助発問をスパッと投げ入れることで、子どもの思考が活性化します。

補助発問を用意しておくことで、教師は心に余裕をもって授業に臨むことができます。安定した状態で自信をもって授業に臨んでいるので、子どもの意見をしっかりと聞き、受け止め、整理することができます。

第三場面における補助発問の例

補助発問①　なぜ、おじいさんは口笛をふいたのですか。

ガンを助けるためです。残雪をおびき寄せるためかとも考えられますが、口笛は「ピュ、ピュ、ピュ」という音でありかなり焦っていることがわかります。なぜなら、第三場面の最初には「ヒュー、ヒュー、ヒュー」とゆとりのあるふき方をしてるからです。つまり、ハヤブサから残雪を守るためだと考えられます。では、なぜそのあとに、銃を肩に当て残雪を狙ったのでしょうか。それは長い間残雪をしとめようとしていた経験から反射的に行ったのだと考えられます。

補助発問②　じいさんの口笛が聞こえたのは誰ですか。

おとりのガン、ハヤブサ、残雪、他のガン。

補助発問③　このとき、残雪はじいさんの存在に気づきましたか。

気づいていました。

補助発問④　残雪は、ガンがおとりであることも知っていましたか。

おそらく口笛でわかったはずです。

補助発問⑤ **残雪は、じいさんに銃で狙われていることを知っていますか。**

知っています。口笛を聞いたときから存在を認識しているはずです。

補助発問⑥ **残雪はこれまで大造じいさんの存在を意識していなかったのですか。**

意識していました。

補助発問⑦ **そうすると、残雪は油断しているということですか。**

違います。油断ではなく、自分の身をかえりみず、仲間を救おうとしているのです。

■クライマックスの一文はどれか？〜クライマックスの定義によって変わる〜

さて、A〜Dのうちどれが正しいでしょうか。今一度発問を見てみましょう。

発問（再確認） **残雪に対する大造じいさんの思いが最も大きく変化したことがわかる一文はどれですか。その一文を探しノートに書きましょう。**

A「が、なんと思ったか、再びじゅうを下ろしてしまいました。」

B「残雪の目には、人間もハヤブサもありませんでした。」

C「ただ、救わねばならぬ仲間のすがたがあるだけでした。」

D「大造じいさんは、強く心を打たれて、ただの鳥に対しているような気がしませんでした。」

正直に言います。私としては、AかDであればどちらでもいいです。

なぜかというと、発問に使う語句、もっというとクライマックスの定義の仕方によって答えが変わってくるからです。

四つの発問例をもとに説明します。

発問Ⅰ「大造じいさんの気持ちががらりと変わったのはどの一文ですか?」↓これならA
発問Ⅱ「大造じいさんの気持ちが最も高まった（最高潮に達した）一文はどれですか?」↓これならD
発問Ⅲ「大造じいさんの残雪に対する思いが変わった瞬間はどの一文ですか?」↓これならA
発問Ⅳ「大造じいさんの残雪に対する思い（印象）が最も強く変わったのはどの一文ですか?」↓これならD

要するにAの箇所は、行為の転換点なのです。そこで、「がらりと変わったところ。変わった瞬間は?」と聞かれたらAが正解です。

Dの箇所は、Aの転換点を起点として大造じいさんの思いが高まっていった先の最高点なのです。そこで、「大造じいさんの気持ちが最も高まったところ、残雪に対する思いが最も強く変わったところは?」と聞かれたらDが正解となります。

私はAともDとも言える最も中庸な言葉は何かと考えた結果、「残雪に対する大造じいさんの思いが最も大きく変化したことがわかる一文はどれですか」という発問にしたのです。

AでもDでも、大切なことは二つです。

一つは自分の意見を支える理由と根拠、相手を批判する理由と根拠を教科書から探し出し論理的に説明すること。もう一つは自由に意見交流するときや全体発表するときに、自分の意見を十分に伝えること。この二つが目的なのでADどちらかを当てるというのは二の次です。

■クライマックスに関する筆者の考え

この物語のクライマックスは「が、なんと思ったか、再びじゅうを下ろしてしまいました。」という文です。それは、これまでにずっと残雪、ガンをとるために準備したり、作戦を立てたり、銃を構えていたのに、この瞬間に銃を下ろしたのです。明らかな行動の変化です。狩人である大造じいさんが銃を下ろしたからです。並大抵のことではありません。職業として、狩人であり、長年残雪に邪魔ばかりされてきました。教科書にも「一羽のガンも手に入れることができなくなったので、いまいましく思っていました。」と書いてあります。

しかし、このクライマックスの瞬間には、大造じいさんにとって残雪は「いまいましい」存在ではなくなりました。大造じいさんは、残雪の勇敢さ、仲間への愛情、頭領としての責任感をこの瞬間で強く感じたのです。

このとき残雪が大造じいさんの存在に気づいていたことが大造じいさんの気持ちを大きく変えた要因だと私は考えます。残雪は、大造じいさんの存在に気づいていました。「ピュ、ピュ、ピュ」という口笛は残雪にも聞こえているし、その口笛の方に向かっておとりのガンが飛んでいくのを残雪は見ていたはずだからです。大造じいさんは、残雪が自分の存在に気づいているということを知っていたはずです。残雪は銃で自分をねらっている大造じいさんの存在に気づいていたにもかかわらず、ハヤブサめがけて体当たりをしたのです。つまり、残雪は、大造じいさんとハヤブサという二つの敵をおそれずに、仲間を助けに行ったのです。その姿に大造じいさんは感動し驚嘆したのです。自分の命をかえりみない残雪に大造じいさんは心を動かされたのです。だから次の行で大造じいさんの視点から見た「残雪の目には、人間もハヤブサもありませんでした。ただ、救わねばならぬ仲間のすがたがあるだけでした。」という話者の語りがあるのです。「人間も」という言葉があるということは、残雪の目には当然、大造じいさんの存在が入っていたということです。もしも、このクライマックスの瞬間に、残雪の姿に心を打たれなかったならば、早速撃ち殺していたことでしょう。それが、第三場面の〝おとりのガン作戦〟のねらいだったからです。けれども、撃ちませんでした。これまで自分に屈辱を与え続けてきた残雪をすぐに撃てるチャンスだったのに撃たなかったのです。その理由は、繰り返しになりますが、残雪が仲間を助ける姿に感動したことに他なりません。しかも、大造じいさんの存在に気づいており、残雪自身は撃ち殺される危険性があったにもかかわらずです。

以上の理由で、この物語のクライマックスは「が、なんと思ったか、再びじゅうを下ろしてしまいました。」という文です。

以上のように書いていますが、本単元に関しては、呼び方の変化を追って学習してきています。

(1)なかなかりこうなやつ　(2)たかが鳥　(3)あの残雪
(4)あの残雪め　(5)ガンの英雄　(6)えらぶつ

私は授業の中で、「(5)ガンの英雄、(6)えらぶつと呼ぶようになったのはどうしてでしょうか。それを探っていきましょう」と再三言ってきました。

ですから、呼び方の変化の要因としては、Dの方がふさわしいです。Aの銃を置く場面も大きな変化に違いありません。しかし、その後の残雪とハヤブサのやりとりを見たり、自分と対峙したときの残雪の威厳を目の当たりにしたりしたことが、残雪のことを(5)ガンの英雄、(6)えらぶつと呼ぶ契機になったと考えます。

そのため、今回の授業における答えはDです。

授業で最後の最後まで意見がAとDの二つに分かれた場合は、次の発問をします。

発問 (1)なかなかりこうなやつ　(2)たかが鳥　(3)あの残雪　(4)あの残雪め　という呼び方から、(5)ガンの英雄　(6)えらぶつ　という呼び方に変わりましたね。

AとDの両方とも残雪に対する大造じいさんの思いが変化していることがわかります。

では、呼び方を変えるという点で考えた場合、どちらがより大きな変化だったでしょうか。より強い変化はどちらと言えますか。

■グループトーク短冊型の授業展開（グループで短冊を作り、それもとに発表する形式）

子どもたちがクライマックスの一文を板書するところまで（一一九ページまで）は同じ流れです。

実際にクライマックスの一文が黒板に列挙されたとき、私の中にはこの直後の授業展開の案が三つ用意されていました。

① まずは書く

個人で意見を書いてから、自由に立ち歩き意見交流し、最後に全体発表する方法。

② まずは自由に話し合う

自由に意見交流してから、個人で意見を書いて、最後に全体発表する方法。

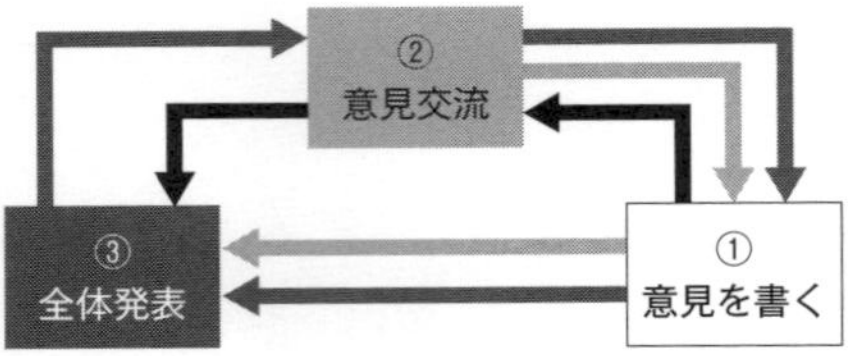

③　まずは全体で発表

全体発表してから、自由に意見交流して、個人で意見を書いて、さらに全体発表する方法。

これまで国語教育の中では、①のようにまず書き、それから発表するという展開が当たり前でした。しかしさまざまな先生のもとで学び、試行錯誤していった結果、一概に「書いてから発表」という形式にこだわることなく、目的に応じて変えていけばいいということがわかりました。

かつて教え子に調査しました。

「発問のあと、書いてから発表するのと、書かずにすぐに発表するの、どちらがいいですか？」

受けもっていた子の年代によりますが、瞬発系の男子はすぐに発表したいようです。じっくり系の女子は書いてから発表したいようです。

学年当初は多くの子が書いてから発表する方を好みます。しかし、二学期以降になり鍛えられてくると書かないでも発表できるようになる子が増えていく傾向があります。

さらに聞きました。

「全体発表の前に、ワンクッションおいて自由に立ち歩いて意見交流したいか。それともそれは必要なく書いてからすぐに発表したいか。どちらがいいですか？」

これは、多くの子が先に自由に立ち歩いて全体発表する方がいいと答えます。アウトプットできるから、いきなり全体だと緊張するから、自由度が高く伸び伸び学習できるからです。

子どもの感覚としては、①のまずは書く方法が一番安心して学習しやすいようです。次いで②のまず自由に意見交換する方法、最も負荷がかかるのが③のいきなり全体発表のようです。

板書

A「が、なんと思ったか、再びじゅうを下ろしてしまいました。」
B「残雪の目には、人間もハヤブサもありませんでした。」
C「ただ、救わねばならぬ仲間のすがたがあるだけでした。」
D「大造じいさんは、強く心を打たれて、ただの鳥に対しているような気がしませんでした。」

■意見を書いてから、自由に意見交換し、最後に全体発表する方法

本書は、国語が苦手な若い先生に寄り添う本にしたいので、①の方法で進めていきます。といっても私自身、実際の授業でも①のやり方で進めました。では定番型と同じかというと、そうではなく、初めに「間違っている意見をつぶす」という意見の整理はせずに、四つの文が並列している状態で、自分の意見を書かせる方法を採用しました。理由は三つあります。

一つは、以前に指名なし討論を何度か行ってきており、四つの意見が出ている状態で話し合っても混乱が起きないと判断したためです。子どもたちが話し合う過程でBやCは自然と淘汰されるだろうと予測しました。

二つ目は、あえて整理せずに四つ並列している方が、いろいろな角度から意見を言えるので、より熱中すると判断したためです。

三つ目は、このあとの評論文に生きると判断したためです。単元の最後に「大造じいさんとガン」の評論文を書く活動を計画していました。そのため、ノートに考えをたくさん書かせたかったのです。たくさん書けた方が評論文が充実します。私が四つの意見を整理するよりも、子どもが思考し話し合って整理していった方がためになると考えました。

指示 **今から自分の考えをノートに書きます。自分以外の意見への批判。それと自分はなぜその文を選んだのか、根拠や理由を書きます。時間は十分間〜十五分間取ります。**

思考の収束です。教科書を読み返し根拠となる部分を探します。本単元で学習してきたことを思い出し証拠を増やします。根拠となる部分を見つけたら、自分の文章の中に組み込んでいきます。

文章の書き方は一学期から教えているので、「どう書いていいかわからない」という子はほとんどいません。「だから、自分の判断は正しい」という根拠、証拠さえあれば、あとは子どもたちに身に付いている論理的な文章の型に当てはめていけばいいだけです。

■「書き方」の指導と「書く内容」の指導は分けて行う

ここで書き方と書く内容に関して述べます。

書き方の指導と書く内容の指導は分けた方がいいです。

書き方の指導というのは、作文技術のことです。論理的な文章を書く型です。技術を先に教え、他教科の授業や日記などで習熟します。

それとは別の授業で、書く内容（書く材料でありネタ）を見付けさせる指導をします。

メモの取り方、箇条書き、ブレーンストーミング、マインドマップ、マンダラ発想法など、何を書くのかその中身を獲得させるための指導です。「書くことがな〜い」「なに書けばいいの〜」と困ってしまう子どもはいなくなります。

書き方指導と書く内容の見つけ方の指導の両方を同時にすると、子どもへの負担が重たくなります。わからない子はずっとわからないし、書けない子はずっと書けないままです。

■意見交流でアウトプットとインプット

授業に戻ります。たくさん書いている子がいる中、あまり書くことができていない子がいたため、全体発表の前に自由に立ち歩いて意見交流する時間を取ることにしました。一度アウトプットとインプットをすることで新しい考えが生まれ、それが書き足されていくと、全体発表のときにさらに白熱すると考えたのです。教科書、ノート、鉛筆を持って、自由に移動します。

その際、数か所ですでに激論になっていたところがありました。

子「そうじゃないよ！　お前わかってないんだよ！」

「違うよ。だって、そうじゃなくちゃあ、じいさんは銃下ろさないでしょ！」

本気の闘いになっていたので、咄嗟に指示を出します。

指示　**自分と違う記号の人と話し合うのはまだ待ってくださいね。このあと、たっぷりと全体で話し合いますから。今は、同じ立場の人と意見を交流してみてください。**

四分程度で座らせました。ここでさらに書かせます。時間は四、五分間です。

指示　**話し合ったことをもとに、さらに書き膨らませてみてください。友達の意見で参考になったこと、自分の意見に加えられそうないい考えがあれば、それも十分に取り入れてください。このあと全体発表ですが、それまでに発表するネタをたくさんためておいてください。**

もしも、ここで時間が来たら続きは宿題で書かせます。

■意見の発表～思考の拡散～

さて、いよいよ全体発表です。もう一度挙手させて、ＡＢＣＤの人数を確認し、人数を記号の上に振っていきます。人数の少ない記号のグループから発表します。

まずはどのグループも、自分のグループの肯定意見を言わせようと考えました。他のグループがすべて発表し終わったら、否定意見に移行しようと思っていました。しかし、思うところがあって、この先の展開の仕方を子どもに投げかけました。

発問①　この先、どうしたいですか？　どういうふうに授業を進めていきたいですか？

発問①のようにざっくり質問したこともあれば、選択肢を用意したこともあります。

三学期くらいになると、私が考えている構想と子どもの回答はほとんど同じになります。今回は発問②のように選択肢を用意しました。

発問②　この先、どちらにしようか相談したいのですが、少ないグループから肯定意見と他者への批判をセットで発表していくやり方。もう一つはそうではなく、初めは肯定意見だけ。他のグループが一周したら、今度は否定意見で一周していくという流れ。どちらが議論しやすいですか？　グループ別に発言していくというのは変えたくない。混乱させたくないから。

子「先生、それほとんど同じことじゃないですか？　どうせ全部黒板に列挙されるんだったら」

（そうだよね）

どちらでも同じだという子たちの意見により、今回はグループごとに肯定も否定もすべて発表していくことになりました。いきなり指名なしだと、さすがに混乱しやすくなるので、グループごとに発表した方がいいと判断しました。まずは思い切り思考を拡散させたいです。個人で収束させたものを爆発させます。

先生は、意見を聴きながら、ポイントとなる言葉を板書していきます。

子どもによる書記

ここは裏ワザですが、板書好きで素早く丁寧に書ける子、指名なし討論が十分にできる子を書記にします。ポイントをきっちり押さえて聴いて書くことができる子です。慣れればほとんど全員できるようになります。二名ほど採用します。

「あのさ、〇〇君は否定の意見を書いていって」、「肯定否定関係なく、今回は一文ずつ交代して」と打ち合わせしてどんどん書いていきます。

発表が出尽くしました。学級集団の思考が思い切り拡散しています。

ここからは板書をもとに、指名なし討論です。言いたい子が言いたい人に向けて意見をどんどん言っていきます。

黒板が整理されているので、「前に出て説明してもいいですか?」と発表のときに黒板の前に出て活用する子もけっこういます。

だいたい二十人くらいは発表したでしょうか。少し議論が停滞します。時間もかかります。

ここで一度授業を終え、ここまでの過程をふまえ宿題に書き足してくるよう指示しました。

翌日、朝からノートチェックです。昨日発表しなかった十名の子のノートを特に丁寧に見ます。昨日出された意見でも、きちっと理にかなっている文章があれば発言を促します。

■短冊方式

討論の続きですが、今回は「短冊方式」というやり方を試みました。

実は、数日前から第三場面の授業展開についてずっと考えていました。

さらに熱中して、楽しく思考したり表現できたりする授業スタイルはないものかどうか。

全体発表に至る過程と全体発表自体に変化をつけて、一人ひとりがより生きる学習スタイルはないのか。全員が参加意欲ノリノリで、生き生き表現して「学んでいるな!」という雰囲気になって、知性的な議論で……。

この時期はほぼ毎時間授業の感想を書かせていたのでそれを読み返しつつ考えていました。

授業前日の放課後、女子数人と会話していました。

この子たちは、全体発表でグイグイ発表するタイプではありません。しかし、とても熱心でノートに考えを書く量は圧巻でした。

■短冊方式開発までの道のり～放課後の女子トークから～

「『大造じいさんとガン』どう?」

(超楽しい)

「何が楽しいの?」

(物語もそうだけど、話し合うのが好き)

（ワクワクするところ）

（自分であれもこうかな、これはああかなって書いて、それを友達に伝えるのが楽しい）

「でも、自分たち、発表しないじゃん？」

（えっ、だって、全体だと気まずいんだもん）

「何が？」

（だって、発表のうまいさ、○○とか○○ちゃんたちが、ガーって言い合っているときに入っていけないじゃん）

（だよねー）

（そうそう、あそこの中には入っていけないよねー）

（割り込めないっていうかさあ）

「でも、君たちだって……」

（違うんだよ、先生はぜんぜんわかってない。だから……）

「今、めっちゃ割り込んできたよね」

（ハハハハハハハッ）

（違うの。今ここではできるの）

「何が違うの？」

（だって、みんないないじゃん！　気楽じゃん！）

「ああ、みんないると緊張したり、不安になったりするんだ」

（そうだよ！）

「まだそんなこと言ってんの？　一学期じゃないのに。○○さんたちなんか、緊張や不安なんてとっくに卒業してるよ」

（だってぇ）

「ごめんごめん。ということは、やっぱり少人数のグループだと話しやすいかな？」

（話しやすいよ！　当たり前じゃん！）

（うん。だってみんな気が合うもん）

「でも学問、勉強の場では……」

（それはわかってる！　学問の場では仲良しに引きずられないで自分の意見をもつべきっていうのは。だって、私と〇〇は仲いいけど、私はAでそっちはDでしょ？）

（え？　マジでAなの？　絶対Dに決まってんじゃん！　だって……）

「発表させること」を目的化していた当時の自分がいます。発表嫌いを生む原因は自分だということがわかり大変恥ずかしく子どもにも申し訳ないのですが、このやりとりから大きなヒントが生まれました。頭の中に何かが降りてきました。

どの子もいい考えをもっている。それを発揮させていないのは、私ではないか。無理やり、全体発表の場で「発言させよう。発言させよう」と考え、半ばそれを強制してきた。しかし、個人にはそれぞれのタイプがある。彼女たちは全体の場では活発に発言しない。しかし、彼女たちはがんばって思考している。どの子でも生き生きと考えを表現できて、どの子にも話し合う機会を保障できる方法。

その日、ずっとこのことばかり考えていました。電車でも、歩いていても、シャワーを浴びているときも、寝る前もです。

それで思いついた方法が短冊方式です。

グループごとに話し合いながら、短冊あるいは模造紙に自分たちの主張の要旨を書き、それを全体発表のときに黒板に貼りプレゼンのような形で生かすという方法です。

短冊方式の具体的手順

まずは同じ意見のメンバーで三〜六人のグループをつくり、そのメンバーで話し合いながら、短冊や模造紙に意見を書きます。白い紙には肯定する意見。黄色い紙には相手のグループへの反対意見、というように色を変えるとわかりやすいです。どうしてその意見を支持するのかという理由、根拠を端的に記します。

全体発表のときには、それを黒板に貼ってプレゼンのような形で生かします。他のグループは意見を聞きます。気付いたことがあれば、メモします。その後は短冊をもとに話し合います。

短冊方式での授業の実際

時数が厳しかったのですが思い切って二時間ぶっ通しで、短冊に書きました。

細かな説明は口頭でできるから、短冊にはなるべく長く書かずに要点だけを書くよう指導しました。

結果、ものすごく熱中していました。

かなり自由な形で行ったのですが誰一人としてふざける子は出ずに、ものすごく集中して学習していました。少人数のグループの中で、意見や質問が飛び交い、思考は拡散したり、収束したりしています。動と静でいうと動がメインですが、短冊に書くことをまとめねばならないので静も取り入れられています。だから熱中したのです。

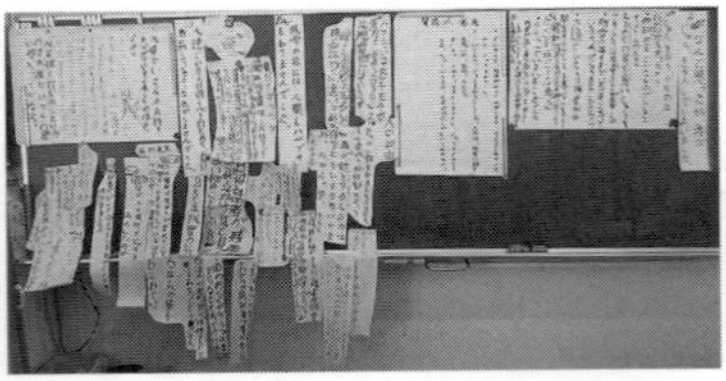

あの女子たちも、少人数で充分にアウトプットできていました。いつもの数倍生き生きしていました。

「どう？　楽しい？」（あ、はい）

集中していたのと、高学年女子特有のツンツンそっけない系の返事ですが、彼女たちの表情がすべてを物語っていました。

さて、二時間経ちました。

早めに終わったグループには、発表練習をするよう伝えておきました。

翌日、全体発表しました。グループで発表者を数名決めて、時間制限はとらず発表させました。発表自体は、指名発言を前で行っているようなもので、さして新しさとか巧みさは見られませんでした。

しかし、短冊方式のよいところは、短冊は形が残るので、聴覚が弱い子も文字を見ながら聞けるため大変有用性が高いことです。また発表者にとっても、パワーポイントで示すのと同じように何を話せばいいのか明記されているので安心できたようです。

短冊方式の魅力

・短冊に何を書くのかまとめていく過程で、どの子も意見を言える。
・自分の意見に対する愛着が出てくる。
・練り上げて短冊に書くことで、話し合った体験からくる熱量が短冊の文字に注がれていく。

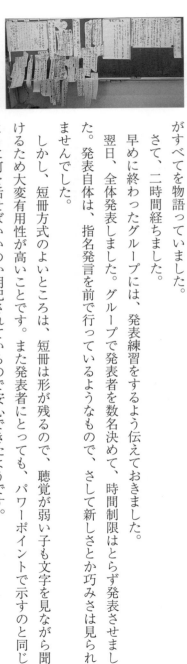

・短冊があると、討論のときに共通の土台ができるので話合いがしやすくなる。
・発表の際、ふだんは静かな子も、チームとして話すので勇気が出る。
・友達と自分の適材適所がわかり、考える人、書く人、発表する人の分担が上手になる。

短冊が黒板にずらーっと並びます。壮観でした。

これをもとに、また十五分間ほど指名なし討論をしました。AとDに分かれ、最終的にはAが優位でした。子どもからの要望があったので、私の解を伝えました。授業時間が残り十分になりました。

発問　この先、どうしたいですか？　どういうふうに授業を進めていきたいですか？

子「自由に立ち歩いて意見交流したい！　グループ関係なく相手のグループに反論したい！」

このような意見があったので採用しました。ものすごく白熱します。相手の意見を聴きながら反論しています。

まさしく、私が単元の当初に描いていたイメージが今目の前に繰り広げられています。課題に対して本気で思考し語り合っている姿。これが物語文指導の醍醐味だなぁと思いました。

短冊方式　取り組み後の子どもの感想

AHさん（放課後話した女子の一人）

私はこっちのやり方の方が絶対に好きだ。私は先生も知っているように、発表がきらいだ。そんな私でもみんなと意見を出し合って、小さな発表をすることで、発表が好きになれるかもしれない。私はMさん、Yさん、Aさんなど発表が嫌いな人と組みました。でもやっぱり、そんな人でも、意見を出して紙にとてもたくさん書けました。それから安心して相談できるのは、女子同士でいるからだと思う。女子同士でいると、「あっ、間違えている!」、「あっ、間違えた〜!　はははは」なんて言えます。普段出てこない意見が出て、内容が深まっていくから、またこの授業のやり方がいい。私達の場合は、先生が「もう意見ないよね。ないね〜」と言っている間も、私達は心の中では、「まだ意見バリバリありま〜す」とずっと言っています。きっとこれを読んだとき、先生は「なら、発表しろよ!　できるんだから」とか思っているのではないでしょうか?　それは違います。しかし、この授業のやり方では発表し残したこともなく、とても爽快感がありました。今度からこのやり方でやってほしいです。

WMさん

このような授業のメリットは、同じ意見の人がそれぞれの思いを出して、それをまとめられること。同じ意見だし、みんなまとまっているから、自信をもって発表できると思う。それに、四〜六人だからやることな〜いという人もいない。こういう授業でも、はっきり言って学力はつくと思う。あと、辞書を引くのが得意になる。いっぱい引きたいと思わせるのは、この環境だと思った。みんながものすごいやる気で、自分が引いたらグループの役に立つ、みんなが喜んでくれる!　そういう環境はとてもいいと思う。同じ意見の人と協力してうまくまとめられるのは、すごくやる意味があると思う。この授業をやっていて、教科書の文章を深く読む力がつくと思う。前まではサラサラ〜と読み進めていたけど、ここは理由がこっちにあるからこうだ!　みたいなことができるようになってきた。文を読み解く力がついてきているのがわかった。自分の中で意見をまとめられたら、そのあとはグループでまとめるのがとてもいいと思う。この活動は、とてもやりがいがあるしいいと思う。やっぱり時々やるのがベストです。

IRさん

協力していろいろ分担してできた。もう一回他の物語でもやりたいと思った。私はこの授業の前まではあまり、自信をもてていなかったり、難しいと思っていたけど、今日これをやったことで、自分にすごく自信をもてた。私は黄色にも白色にも意見をたくさん書いた。だから、発表するのが、とても楽しかった。指名なし発表でばんばんI君やK君の意見を聞いたり、自分でもちょっと言ったりしていたけど、今日の授業だと何か変わったような気がした。それにMちゃん達も頭がいいと思った!　「こんなこと思い付くなんて！」すごい。たぶん私と同じチームのみんなとかもそう思っていると思う。いつもは言いづらい子も、自分で紙に書き、意見をしっかりともてるし、自分から発表しやすくなったと思う。今日やったこの授業ですごく楽しくて、集中して勉強できた。この授業は、心を一つに協力できること、いつもはあまり話さない子とも自然に仲良くなって、関われること。そして楽しく集中してできることなど、いいところがいっぱいあるので、すごくいいと思う。またやりたい！

後日談～「あたし、大造じいさんラブだから♡」～

図書の時間のエピソード。

「先生、図書の時間に評論文を書いてもいいですか？」

評論文というのは、「大造じいさんとガン」の学習のまとめの作文です。

発問、ノートに記した自分の意見、授業での友達の発言、それに対する自分の反論などを原稿用紙に書いていくのです。

単元の最後の三時間を使って書かせます。終わらない子は期間を設けて仕上げます。

今回の単元では、平均すると原稿用紙二十枚前後でしょうか。期日までに五十枚以上かけた子には製本すると約束しました。製本した子は四名です。最後の最後、三月末まで取り組み、百枚を超えた子は二名でした。先の質問を受け、全体に返しました。

「図書の時間に、評論文の続きを書きたい人？」

十名ほどいたので、その子たちには書かせることにしました。

本を読まず、ひたすら評論文を書く子。私はテストの丸付けをしながら評論文を書いている子を横目に見て、ここまで熱中が持続することに感慨を覚えました。

「大造じいさんとガン」には特別な思い入れがあるからです。

一回目、初任者時代の「大造じいさんとガン」の授業はひどいの一言でした。「授業」と言えないレベルでした。

二回目は、三年目の研究授業でした。アマゾンで引っかかる本はすべて購入し、無いものは古本で入手しました。東京都教育委員会教育センターに連絡をして、先行実践をもらえるだけくださいと訴え十本以上の指導案を送っていただきました。自分の中では教材研究をし尽くしたつもりでした。しかし、惨敗でした。研究授業の協議会でも、ボロクソに言われました。自分でも手ごたえがなく、ただ悔しさと情けなさと子どもへの申し訳のなさが私のはらわたをえぐりました。

「次、『大造じいさんとガンの授業』をやるときには、絶対にいい授業をしてやる」

それから、五年が経ちました。私の目の前で黙々と評論文を書いている子がいます。感想で紹介したWMさんです。彼女は活発で目立ち、女子の中でもリーダー的存在でした。WMさんに小さな声で聞きました。

「どう？　楽しい？　でも疲れるでしょう？　無理しないでよ」

彼女は答えました。ギャル口調で。

（え？　全然！　あたし、大造じいさんラブだから♡）

物語文指導でおすすめのワザ

「指名なし討論はどうやって進めていくの？」

「子ども同士の意見がかみ合う発表はどう指導すればいいの？」

「発表技能のレベルを高めたいけれど、どのように指導すればいいの？」

「討論が煮詰まったらどう対応するの？」

「討論中は先生は何をしているの？」

という疑問に答えていきます。

■指名なし討論の基本的な指導法

指名なし討論では、先生は裏方に徹します。基本は子どもたちだけで話合いを進めていきます。とはいえ、話合いの初期段階からすべてを子ども任せにしてしまってはうまくいきません。小さな成功体験を積ませることが大切です。

また、慣れてきても話合いが散らかってきたら、積極的に介入します。場合によっては議論を整理したり、掘り下げるために問い返したり、思考を活性化させるために補助発問を入れたりします。

指名なし討論の基本的な流れを記します。

① 発問→自分の考えをノートへ

まず発問します。子どもは発問を受けて自分の考えをノートに書きます。

一人ひとりに自分の考えをもたせることがまずは重要です。

考えを書かずにいきなり指名なし討論にもっていく方法もあるのですが、少し特殊なのでここでは触れません。これについては本書の一三三～一三四ページに少し書いています。また、考えをノートに書く指導法は一二三ページに詳しく記しました。

② 学級全員の意見を出し尽くして共有

考えを書き終えたら、まずは学級全員の意見を共有します。共有することによって、自分の考え以外の意見を知ることができます。指名なし発表でも、挙手指名でも、子どもによる板書でもかまいません。

個人作業で意見を書く過程で思考が収束していたので、学級集団の思考をここで一気に拡散させます。思考の拡散と収束が起きるところに熱中授業は生まれるからです。

この時点ではまだ話合い（討論）はしません。自分の考えを発表するだけです。相手の意見への反論、批判はしません。

意見は黒板に板書します。黒板に意見が出し尽くされたら、いよいよ反論、批判の時間、補足説明の時間、つまり話合い（指名なし討論）の開始となるのですが、ここでも一応議論の交通整理をした方がいいでしょう。慣れてくればいきなり指名なし討論といって、発表したい人が起立して発表していく自由な話合いをしてもいいのですが、初期段階では先生が主導で引っ張っていった方がうまくいきます。

③　似ている意見をまとめる

まずは意見を整理していきます。要するに同じ意見をまとめていくのです。

「この中で、これとこれは一緒にしていいという意見がありませんか？」これでたいていは整理されていきます。もっと誘導するとすれば「この中で、これとこれは一緒にしていいという意見があるかと思いますが、どれですかね？」という聞き方もできます。

④　おかしな意見をつぶして絞り込む

次に、おかしい意見をつぶしていきます。発問の内容から考えて、少しずれている意見、意味が通らない意見を削っていくのです。

発問　この中でおかしいという意見はありませんか？　これは特におかしいのではないかという意見を一つ選びましょう。

この発問により思考はグッと収束していきます。子どもがどんどん発表していくはずです。その過程で、黒板に出ている意見がだんだんと絞られていくはずです。

AとBとCの三つの意見に割れたとします。もうこれ以上は絞れないという段階です。解釈次第でどれも妥当な意見と言える状態です。

できればAとBというように二つの方がわかりやすいのですが、そううまくは絞れないときがありますので、今回は三つまで絞れた状態を例に記していきます。

⑤　グループごと順番に発表

ここから先はすぐに指名なし討論に入ってもいいと思います。

しかし、初期段階であればグループごとに発表させていった方がうまくいきます。何を発表させるのかというと、自分の立場を肯定する意見、並びに他の二つの意見を否定する意見です。これまでは、「この意見はおかしいです。なぜなら～」とおかしい意見を次々につぶしてきました。

しかしもうこれ以上はつぶれないという段階に来ています。そのため、ここから先は自分の立場を肯定する意見、すなわち「～だと考えます。なぜなら、～からです」というように発表していきます。

AとBとCの三つのどのグループのうち、どこから先に発表させるかということですが、実際はそこまで細かく考えなくてもいいです。どの意見も大きく外れておらず妥当だからです。しいて言うとすれば、私は正解から遠い意見の子たちか、不正解で人数が多い方の意見の子たちから発表させます。

正解に近い意見というか、教師である私が聞いて「ああ、これは反論しづらいだろうな」という鋭い意見を最初に言われてしまうと話合いとして展開しづらい場合があります。相手側が反論できなくなることもあります。また、不正解で人数が多い方の意見の子たちから発表させるのは、逆転現象が起きやすいからです。

逆転現象とは、当たり前だと大多数の子が思っていたことが実は違っていたり、これは違うだろうと確信をもっていた答えが実は正解だったりすることを言います。一見すると人数が多い方が合っているような気がします。ところが、少数派の子たちが多数派の意見をメモし、それをもとに反論していくと「あれ？」という空気が漂います。多数派の子たちが、「自分の考えは正しいのだろうか」と揺さぶられるわけです。多数派の子たちが油断することなく思考を活性化することができます。

■対立意見はメモする

人数が少ないところから発表します。今回はAの立場の子から発表させます。他の立場の子にはメモをさせます。

メモを取る目的は二つあります。一つはあとで話合いをするときに反論するためです。引用したうえで批判することにより、自分の意見に高い説得力をもたせるためです。もう一つの目的は、自分の考えを深めたり、広げたりするためです。

メモを取るときは、相手が発言したことをすべて書くのではなく、相手の意見で自分が「えっ?」と違和感をもったところ、そしてそれに対する自分の意見を書かせるよう指導します。

よく真面目な子の中に、友達の発言内容をすべてメモしようとする子がいますが、それが活用されず、ただ聴写しただけで終わってしまうことが少なくありません。

実は、これは私の体験談です。私自身がメモする意味を理解できていなかったのです。サークルの先輩から「指名なし討論中は聞く側の子にはメモを取らせなさい」という言葉だけをうのみにして、その真意を理解しないままに「メモしなさい」と言葉を放っていました。

どうしてメモを取るのか、メモをどのように活用するのか説明する必要があるということです。私の例は、メモする目的を先生と子どもで共有できていないことから起こる現象です。

■話合いのときの先生のふるまい、反応の仕方

話合い（指名なし討論）における先生の立ち位置、ふるまい、表情、態度について記します。実はこれが円滑な話合い、白熱した話合いをするうえでとても重要になっていきます。

まず、原則として先生は隠れているというか、影の役目に徹することが基本です。意見に対して肯定も否定もせず、正解だと思っても不正解だと思っても、先生と同じ意見か違う意見かにかかわらず、リアクションをしないことが大事です。なぜかというと、先生の表情、顔色、うなずき方、つぶやきなどの反応に子どもたちが流されてしまうことがあるからです。

「あ、先生が笑顔でうなずいている。こっちの意見の方が正解なんだな」「先生は険しい顔して首を振っている。この意見は不正解だな」と子どもは思います。そのため必要に応じて板書していくだけです。

あとは、ノートに良い意見を書いているのに発表しない子に、

教師「ほら出番だ。今自分の力を発揮しないでどうする？　お前の人生はお前が切り開くんだ」

子「ええ、大げさ」

教師「そこまで言わないと発表しないだろ」

子「発表嫌だ」

教師「明日になったら、誰も○○さんの発表は覚えていないから」

とか言いながら発表を促すのです。

ただし、発表を聴きながら無視し続けるというわけにもいきません。どうしても反応せざる

を得ない空気というか、発言者が明らかに反応をうかがってきている場合には、私は次のように反応します。

「は〜、そうなんですねえ」

「へえ〜、なるほどねえ」

「ほ〜、そう考えたんですねえ。ほうほう」

「ふ〜ん、そういう意見が出ているけど、○○さんたちはどう思う？」

こうすれば、肯定にも否定にもならず、ただ受け止めているだけなので、子どもは先生の顔色、表情に左右されることはありません。

■先生の顔を見て発表する子への指導

よく先生の顔を見て発表する子がいますが、子ども同士で話し合ってほしいので全体に向けて発表するよう指導します。先生の顔を見て発表する子に聞きます。

「先生だけに伝えたい？　それとも友達に伝えたい？　みんなで話し合っているから先生以外の友達にも考えを届けてみようか」

これだけで多くの子は友達の顔を見て発表するようになります。

あるいは、発表する子の後ろに立ちます。そうすると、その子は自ずと先生以外の全体を見ながら発表するようになります。視線はＮかＺに動かし教室の端の子から反対の端の子まで視線が届くよう見渡しながら発表するように指導します。このような微細な技術については拙著

『子どもがパッと集中する授業のワザ74』『子どもがサッと動く統率のワザ68』をお読みください。

発表する順番

さて発表の仕方の指導についてです。まずは一つのグループから発表していきます。同じ立場の子だけが発表できます。他のグループの子たちはまだ発表しません。メモしながら聞いています。一つのグループの子たちがどんどん意見を言ってきます。

意見の付けたし方

ここで、意見の付けたし方を指導します。いわゆる話型です。

「○○くんの意見に似ているんですけど……」

「○○さんの意見に付け加えたいんですが、……」

この「似ているんですけど」「付け加えたいんですが」の効果について記します。

たったこれだけの言葉なのですが、子どもが意識して使うようになると、意見と意見がかみ合っていきます。前の意見と次の意見が関連付けられていきます。これまでぶつ切りだった発表が、つながっていくイメージです。同じグループの子たちの発表に一貫性、統一感が出てくるのです。

また前に発表した子の自尊感情が高まります。友達が自分の意見を受けて発表してくれることで、「聞いてくれていたんだ」、「自分の意見が必要とされている」という感覚が生まれます。

意見の付けたしというのは、グループ内の子にとっては「加勢」するイメージですね。仲間を助けるというか、仲間を支援する形をとって自分の考えの正しさを伝えるという感覚です。

発表がかみ合うようになる意見の振り方

各グループが発表し終わったら、いよいよ指名なし討論です。

難しいのが、指名なし討論で話をかみ合わせることです。

よくありがちなのは、発表のし合いに終始してしまい、話合いにならない状態です。あるいは話合いが深まらない状態です。

まずは発表のし合いから話合いにもっていくことが必要です。そこで相手側に話を振る方法を指導します。

「〇〇の意見のみなさん、いかがですか?」

「〇〇くん、どうですか?」

相手側に問いかけるのです。問いかけられた方は答えざるを得ません。答えられない場合は、「もう少し時間をください」と言って考え続けます。

自由に立ち歩いて作戦会議をする時間があれば、意見ごとのグループに分かれて相手側の問いかけについて検討することができます。

また、指名なし討論の際に、もっと自分の意見を補強する意見がほしいというとき、もっと相手に畳みかけてほしいときには次のように言わせます。

「同じ意見の人、どうですか?」

味方に振るのです。そうすることによって同じ意見の子が少し違う根拠を持ち出して加勢したり、同じ根拠でも少し違う解釈を持ち出して加勢したりすることができます。

このように、相手側に振る方法や味方に振る方法をもつだけで話合いはグッと中身の濃いものになります。相手の意見と絡めながら自分の意見を発表できたり、仲間の加勢によってより重層的に自分たちの意見を相手側に投げかけることができたりします。

話合いを深めるための教師の介入

先生も話合いを深めるためには積極的に介入します。例えば次のようにです。

「ここをどう解釈するかがカギになりそうですね」

「この点については、〇〇のみなさんはどう考えますか? 先ほど~と言っていましたが」

「なるほど。この部分に着目したんですね。ここの部分についてもっと詳しく聞きたい」

話し合う話題が焦点化されていきますから、自ずと話合いは深まっていきます。思考が拡散状態からギューッと収束状態へと入っていくわけです。

議論が深まる反論の仕方

さらに話合いを深める方法があります。相手の意見を引用し、反論する方法です。

「〇〇さんは～と言っていましたが、それは～」

「〇〇くんは～という意見なのですよね。だとすれば～」

「もしも〇〇くんの考えるように～ならば、～か？」

「確かに〇〇さんのいう通り、～かもしれません。でも～」

このように相手の意見をピンポイントで突くことによって、話題はさらに絞り込まれ、どんどん話は深まっていきます。

特に、「確かに～」というようにいったん相手に自分の意見を受け止められつつ批判をされると、さらにその奥まで思考したり、根拠をもったりしていないと反批判するのが難しくなります。

■話題が脱線したときにもとに戻す方法

真剣に話し合っていく中で、話が横道にそれることがあります。そんなときの制御の仕方です。

「みなさん（あるいは〇〇くん）、話し合っていることがずれてきていませんか？　最初に話していたことは～についてですよね？　（はい）なので～の話題に戻してもいいですか？」

「ちょっと待ってください。一回整理したいんですけど、〇〇さんが言いたかったのは、～～ということですよね？　ここまでいいですか？　（はい）なので、□□さんは、まずはこの質問に答えてください」

話が脱線するとき、散らかるときというのは、たいてい次の二つが原因です。

一つは、質問された子が、質問に正対せず答えない場合です。質問に答えないで話をはぐらかすかごまかすかして、相手への質問をし始めた場合です。

もう一つはある子とある子が一対一で話し合っているときに、横やりが入った場合です。

これらのような場合には、特に初期段階においては、先生が積極的に入ります。

前者の場合は、質問された子に答えるように促すか、答えられない場合は「同じ立場の人、意見はありませんか?」と周りの子に振ります。

後者の場合は、割り込んできた子を制して「この話合いが終わったら発表してごらん。よく聞いて、自分が次に何を言うか考えておいて」と伝えます。

ただ、この子はそのとき、その瞬間に「これを言いたい!」となっています。その気持ちはよくわかります(私もそういう少年だったので)。しかし学級集団の中で話合いをしているので、そこは理解してもらわなくてはなりません。

■意見が硬直状態になったら「作戦会議」

指名なし討論、自由な話合いをして十数分経つと二つの現象が起きてきます。

一つは、意見が煮詰まってくることです。何となく言いたいこと、反論したいこと、考えていることがあるにもかかわらず、それがなかなかうまく言語化されず、言いたいことが喉の奥に詰まっているような状態です。もどかしさと若干のいらだちと停滞感が漂います。

二つ目は、発表しない子、発表回数が少ない子の集中力が低下してくることです。一単位の授業でなるべく一回は発言するように促しますが、どうしても難しい子がいます。友達の意見を真剣に聞いたり、必死にノートに取ったりしていますが、どうしてもそれが長時間になると疲れてきます。そしてそれ以上に、実はこういった子たちも、しっかりとした自分の意見をもっているのです。あるいは鋭い直感があるけれども、なかなかそれを論理で組み立てられなかったり、それを全員の前で言う勇気がなかったりします。

そんなときに、絶大な効果を発揮するのが、作戦会議です。

自由に立ち歩き、好きな場所、好きな態勢で、グループごとに話し合います。これを入れることによって、全員のストレスが発散されます。全員がアウトプットできるので、スッキリします。

話を聞いているのは静の活動ですが、立ち歩きながら友達と意見交換をするのは動の活動です。動の活動があると頭がリフレッシュされて、話合い中はなかなか言語化できなかったものが、言語化できるようになります。さらに、友達と話す中で、「そう！　私はそれが言いたかったの！」と友達から大きな示唆を受けることがよくあります。

「だよな！　だよな！　そうだろ！」「わかった。俺が先にあいつらに意見を言うから、お前はあとからそこを批判しろ」と言いながら次の指名なし討論に向けて話し合う姿も見られます。慣れてくると、子どもたちにどのように授業を展開していきたいか聞くこともあります。

「一回止めますね。このあとどうしましょうかね。どうしたいですか？　少し意見が煮詰まっているというか、硬直状態なので」

そうすると、これまでの授業形式を思い浮かべ、子どもがベターな選択をするようになります。そして数分後に席に戻り、全体での話合いを再開します。これだけで、全く別の雰囲気になるはずです。

「作戦会議」をしても硬直したときは～作戦会議に先生が介入～

意見が煮詰まったら、自由に立ち歩いて意見交換をします。同じ立場の子たちが固まってさらなる根拠、理由を見出そうとしていますが、もう一声かけることによりさらに議論が活発になりそうなときがあります。

そんなときは意見交換の最中、先生も積極的にグループに入って助言、質問します。話合いがより活性化するように、話を整理したり、質問を投げかけたりするのです。

・「つまりさ、Aの立場の人たちは～～って言っていたわけでしょう？　それについて、ここのメンバーはどう思うんだっけ？　でしょう？　だったらさ、まずこの部分を突いてごらん。で、ここのグループの主張は～～なんでしょう？　そこを相手に納得させるにはどう伝えていけばいいい？」

・「要するにさ、Bの意見に対しては～と考えているわけなんだよね。だったらさ、次の全体発表でまず批判するか、問いかけるかするとしたら何について言いたい？」

・「さっき、○○くんが言っていた～～がキーワードというか、あの意見を大事にしてもいいと思うんだよね。そこから広げていけないかな。つまりさ～～なわけでしょう？　だったら

Ｃの意見の人たちに言えることがあるんじゃない？」

議論が硬直してしまい子どもだけではどうしようもないときには、このように積極的に入っていった方が話合いがうまくいきます。

発表技能を高める㊙指導

発表内容と共に大事なのが発表技術です。発表内容は意見であり、考えであり、解釈であり、伝えたいことの中身です。言語化されたものです。

発表技能は発表内容をどうやって伝えるか、その伝え方であり、話し方であり、表現の仕方です。当然、言語を介しての話合いなので発表内容が大事です。

しかし発表技能はそれを伝えるうえで大きな効果を発揮します。十の割合でいうと、七が発表内容、三が発表技能と言えるかと思います。

ちなみに、私が大切にしている発表技能は以下の通りです。

・相手に声を貼り付ける（大きな声を出す必要はなく、相手の胸めがけてべたーと声を貼り付けるイメージ。演劇教育の正嘉昭先生の指導法）。

・視線はＮかＺに動かし全体を見渡す。

・教科書、ノートは手に持つ（机の上に置きっ放しにして頭を下げたまま話さない。ノート類は片手に持ち顔を上げて発表する）。

・必要に応じてジェスチャーを使う。

・ただ「声を出す」のではなく相手に「届ける」。
・人数が多い方に身体を向ける。
・相手に教科書を読ませる。「教科書の○○ページの～～行目を見てください」
・必要に応じて呼びかける。「～よね？」
・必要に応じて確認する。「ここまでいいですか？」「ここまではいかがですか？」
・結論から言う。
・ナンバリングを使う。「理由は三つあります。一つ目は～。二つ目は～」
・一文を短く句点を多く。

発表技能を高める指導はいくつかありますが、ここでは三つ紹介します。

① 子どもが優れた発表の仕方をしたときに、それをほめる方法

「○○くんは、一文を短く発表することを心掛けているでしょう？　だから聞きやすいんだねぇ」

「しっかり相手の表情を見て発表していますね。届けようとする意識がいい！」

「視線が一人ひとりに行っているでしょう？　目を見られると自分に話しかけられている感じがするよね。だから、聴く意識になるのですよね」

② 子どもに友達の発表のよさを気付かせる方法

「今の発表の仕方を見ましたか!?　すばらしいですねぇ!!　どこがすばらしかったか言える人？　全員の手が挙がらないから、○○さん、もう一回発表して」

このように、先生から言わずに子どもに問いかけることを通して、子どもに思考させたり、探させたりするのです。

青森県の佐藤康子先生、群馬県の深澤久先生の著作にも出てくる方法です。こうすると子どもは、友達のいいところを見逃さない子に育ちます。注意力が向上します。ただし、これを行うには、先生の中に「発表技能を高めるぞ」という意識が常にないとできないことです。

③ビデオを見せて指導する方法

過去の授業映像から、上手だった子の発表している姿を見せます。

「○○くんの発表ですばらしいこと、要するに発表のワザですね。それが三つ以上あるのでメモを取りながら見てください」

発表動画を再生します。子どもはメモをしながら集中して見ます。念のため、二回動画を見せます。

次に、「特にこれはいい！　まねすべきワザだ！」というものを班で二つにまとめます。代表者が板書しに行きます。班ごとに縦書きで板書します。

私の場合は子どもに司会、書記をやらせますが、先生が主導でもかまいません。同じ意見を整理していきます。「三班のこれと七班のこれは同じですかね？」と確認しながら進めていきます。

整理できたら、学級全員で、要するに何が発表技能としてすばらしいのかまとめます。それを学級に掲示します。全員がそのワザを共通理解し、使えるようにするために貼っておきます。ことあるごとに掲示を用いてほめていきます。すると、発表技能が子どもたちにどんどん定着していきます。

討論，話し合いで考えを深める次の一手　裏ワザ

子どもの発表力を高める指導法

教材研究，授業準備

「大造じいさんとガン」技の索引（・技の項目…掲載頁）

子どもを集中させる国語授業づくりのワザ，国語授業に必要な基礎基本のワザ

授業展開　バリエーション

討論の型　話し合いの方法

【著者紹介】

西野　宏明（にしの　ひろあき）
1983年　東京都八王子市生まれ
2009年より東京都の公立小学校を８年間勤めたのち，2017年よりJICA青年海外協力隊員としてパラグアイへ派遣され，２年間，現地の教育力向上に努める。2019年３月に公立小学校を退職し，４月よりパラグアイの私立ニホンガッコウで学長補佐と教育コンサルタントを兼任中
連絡先：hirohirohiro5883@hotmail.com
著書『子どもがパッと集中する授業のワザ74』
『子どもがサッと動く統率のワザ68』（いずれも明治図書）

国語科授業サポートBOOKS
熱中授業をつくる打率10割の型とシカケ
そのまま追試できる「大造じいさんとガン」

2019年11月初版第１刷刊　©著　者　西　野　宏　明
発行者　藤　原　光　政
発行所　明治図書出版株式会社
http://www.meijitosho.co.jp
（企画）木村　悠（校正）㈱APERTO
〒114-0023　東京都北区滝野川7-46-1
振替00160-5-151318　電話03（5907）6702
ご注文窓口　電話03（5907）6668
＊検印省略　組版所　中　央　美　版

Printed in Japan　ISBN978-4-18-008915-4